Dominic Utton
Alexander von Knorre

Wie du die
Wildnis
überlebst

Für Albert und Eithne –
meine eigenen zwei Wilden

Dominic Utton
Alexander von Knorre

Wie du die Wildnis überlebst

Velber

Inhalt

Einleitung

Wenn man in der Stadt lebt, kommt einem die Wildnis
ziemlich weit weg vor. Unsere Häuser, Straßen, Züge und
U-Bahnen, die Heizung, wann immer man sie braucht,
Licht und sauberes fließendes Wasser auf Knopfdruck
oder wenn wir nur einen Hahn aufdrehen ... manchmal
entsteht der Eindruck, als hätten wir die Natur längst
komplett erobert.

Aber lass dich nicht von diesem Eindruck täuschen! Selbst
in größten Städten muss man nicht sehr weit gehen, um
sich von der menschlichen Zivilisation zu entfernen. Sieh
dir nur mal ein Satellitenfoto von der Erde an: Unsere
Städte nehmen nicht einmal in den kleinsten Ländern so
viel Raum ein, wie wir vielleicht denken. Es gibt immer noch
eine riesige Menge Wildnis da draußen!

Und wusstest du, dass sogar noch Gegenden auf unserem
Planeten existieren, die vom modernen Menschen bisher
noch gar nicht erforscht worden sind? Das klingt verrückt
– aber es stimmt!

Im Amazonas-Dschungel in Südamerika und auch in der
Wildnis von Papua-Neuguinea gibt es zum Beispiel
Regionen, die bis heute von allem, das wir für selbstver-
ständlich halten, völlig unberührt geblieben sind.

Forscher und Entdecker stoßen in diesen Gegenden noch heute immer wieder auf Menschen und Völker, die noch auf die gleiche Weise leben wie unsere Vorfahren vor Tausenden von Jahren.

Vermutlich wirst du jetzt nicht gleich auf Entdeckungsreise am Amazonas gehen (außer du bist ein richtiger Glückspilz!), doch das heißt noch lange nicht, dass du nicht auch hier, direkt vor deiner eigenen Tür, wilde Abenteuer erleben kannst. Wo auch immer du wohnst, du bist nie weiter als ein bis zwei Stunden von weiten Feldern, dichtem Wald, reißenden Flüssen, sanften Hügeln oder steilen Tälern entfernt. Die Natur wartet nur darauf, von dir entdeckt zu werden! Und du wirst sehen, alles, was du in diesem Buch lernen kannst, wirst du dort draußen richtig gut gebrauchen können.

Selbst wenn du im Moment noch nicht in die offene Wildnis kommst, gibt es trotzdem eine Menge Dinge, die du in deinem eigenen Garten oder im nächsten Park erlernen kannst, sei es, ein Zelt aufzubauen, oder die besten Angeltechniken!

Also, worauf wartest du noch? Leg los!
Stürz dich ins Abenteuer – auf in die Wildnis!

Sicherheit und Verantwortung

Die Wildnis ist wunderschön, aufregend, faszinierend und voll mit unglaublichen Abenteuern, die nur auf dich warten … aber sie kann auch sehr gefährlich sein. Also, mach dich niemals, wirklich niemals auf den Weg, ohne vorher einem Erwachsenen Bescheid zu sagen. Sag ihm genau, wohin du gehst, oder noch besser, ihr macht euch zusammen auf ins Abenteuer!

Dieses Buch enthält auch Tipps zu Themen wie „Die richtige Pflege deines Taschenmessers" oder „Wie baue ich mir Pfeil und Bogen". Bei diesen Tipps findest du zusätzlich einige rechtliche Hinweise, die du auf jeden Fall gründlich lesen und verstehen solltest!

Womit du auch ganz besonders vorsichtig sein musst, ist Feuer! Übe alle Techniken, die du in diesem Buch lernst, grundsätzlich nur in Anwesenheit von Erwachsenen, bevor du sie allein ausprobierst. Und denk **IMMER** daran, wie schnell man die Kontrolle über ein Feuer verlieren kann. Stell **GENUG WASSER** bereit und lösch das Feuer sofort, wenn du das Gefühl hast, es könnte außer Kontrolle geraten.

Vergiss nicht: Die Wildnis kann ein großes Abenteuer bedeuten, aber jedes Abenteuer ist auch mit Verantwortung verbunden. Der wahre Abenteurer liebt die Wildnis nicht nur, er respektiert sie auch.

Versuch die Natur so zu hinterlassen, wie du sie vorgefunden hast:

- Füge niemals Tieren Schaden zu! Das ist nicht nur gesetzlich verboten, sondern auch grausam!
- Beschädige keine Bäume oder andere Pflanzen.
- Sammle immer deinen Müll auf und nimm ihn wieder mit. Plastiktüten, Bonbonpapierchen oder Teile deiner Angelausrüstung könnten bei Tieren zu Verletzungen führen.
- Mach dir immer wieder klar, dass du in der Wildnis nur zu Gast bist. Halte Augen und Ohren offen – damit plötzliche Wetterumschwünge und wilde Bestien dich nicht überraschen!

Und schließlich – und das ist wohl das Wichtigste:
Viel Spaß!

EINE WAHRE GESCHICHTE:
Alexander Selkirk

Robinson Crusoe ist eine der berühmtesten Geschichten vom Überleben in der Wildnis, die je geschrieben wurde. Aber wusstest du schon, dass sie auf den wahren Abenteuern eines schottischen Matrosen beruht?

Im Jahr 1704 wurde ein Seemann namens Alexander Selkirk nach einem Streit mit dem Kapitän seines Schiffes auf der Insel Juan Fernandez, einem unbewohnten Flecken Erde im Pazifischen Ozean, zurückgelassen. Alles, was er bei sich hatte, waren eine geladene Pistole, ein Messer, eine Axt, Navigationsinstrumente, Rum, Essen für ein paar Tage und seine Bibel. Es gab keine Möglichkeit zu entkommen – die nächste bewohnte Insel lag 600 Meilen nördlich.

Aber Selkirk war fest entschlossen, zu überleben. Er erkundete die Insel und fand Wasser, Früchte, einen Unterschlupf und wilde Ziegen, die er jagen konnte. Einmal jagte er eine Ziege eine Klippe hinunter und stürzte dabei selbst in die Tiefe. Durch den Sturz verlor er für drei Tage das Bewusstsein. Wäre er bei seinem Sturz nicht oben auf der Ziege gelandet, hätte er ihn wohl nicht überlebt!

Nach vier Jahren und vier Monaten sichtete ein britisches Schiff den Rauch von Selkirks Feuer auf der Insel, und er wurde gerettet. In seiner Heimatstadt Largo wurde er als Held gefeiert, und dort hörte auch der Schriftsteller Daniel Defoe seine Geschichte. Nachdem Defoe seine Version von Selkirks Abenteuer – unter dem neuen Titel Robinson Crusoe – veröffentlicht hatte, wurden beide Männer weltweit bekannt und berühmt.

Leider konnte sich Selkirk nie wieder richtig an ein normales Leben ohne Abenteuer gewöhnen. 1720 ging er als Erster Offizier an Bord des Schiffes HMS Weymouth, auf dem er nur ein Jahr später starb.

Bevor es losgeht

Sich auf seine Abenteuer vorzubereiten, ist nicht nur wichtig, es macht auch viel Spaß! Es ist eine Unmenge zu tun, bevor man in die Wildnis aufbrechen kann – natürlich Dinge wie seine Ausstattung zusammenzustellen und sein Equipment zu überprüfen. Du solltest aber auch einige lebenswichtige Tipps und Techniken lernen, die dich zu einem besseren und klügeren Abenteurer machen, wenn du erst mal von zu Hause aufgebrochen bist.

In diesem Kapitel lernst du also nicht nur alles über die praktischen Sachen, die man erledigen muss, bevor man sich tatsächlich auf den Weg macht, sondern auch Dinge, die du üben kannst, während du noch nicht hinaus in die Wildnis kannst. Wenn du diese Zeit zwischen den Abenteuern clever nutzt, wirst du beim nächsten Mal noch mehr Spaß in der Wildnis haben!

Wie du für dein Abenteuer packst

Jede Expedition – egal, wie groß oder klein – fängt mit der Planung an. Wenn du erst mal draußen in der Wildnis bist, musst du dich auf die Sachen, die du dabeihast, hundertprozentig verlassen können. Du kannst nicht eben schnell noch mal reinspringen, um das eine wichtige Teil zu holen, das du vergessen hast. Es gibt auch keine Geschäfte in der Nähe, bei denen du deine Vorräte aufstocken kannst.

Wenn du etwas nicht eingepackt hast, dann hast du es nicht dabei!

Auch wenn du nur eine Nacht im Zelt in deinem Garten planst oder eine kleine Wanderung ganz in der Nähe, solltest du dich immer so vorbereiten, als würdest du in die tiefe Wildnis fahren. Denn man weiß nie, wozu man die guten Gewohnheiten, die man sich auf diese Weise antrainiert hat, noch mal gebrauchen kann!

Das Wichtigste ist, dass man nur das mitnimmt, was man auch bequem tragen kann. Sei radikal! Alles, was du unnötigerweise einpackst, nimmt den Platz für etwas Wichtigeres weg.

Überlege dir, wie dein Gepäck so leicht wie möglich bleibt. Du kannst zum Beispiel Lebensmittel aus ihrer Verpackung nehmen – denk nur daran, alle Anleitungen, die du noch brauchen könntest, auszuschneiden und aufzubewahren.

SURVIVAL-TIPP!

Auch wenn du nur für einen kurzen Ausflug packst, nimm wirklich IMMER deine Grundausrüstung und so viel an Nahrung mit, dass du 24 Stunden in der Wildnis überleben könntest. Man weiß nie, wovon man überrascht wird ...

Wichtig beim Rucksackpacken

Jedes Abenteuer ist anders. Daher solltest du vor jedem
neuen Ausflug deinen Rucksack auspacken und deine
Ausrüstung neu zusammenstellen. Auch auf den kürzesten
Fahrradtouren muss man einige Dinge unbedingt dabeihaben. Halte die folgende Packliste bereit, wann immer du
dich in die Wildnis aufmachst. Mach einen Strich hinter
jedes Teil, das du einpackst. Wenn du nach deiner Expedition
wieder auspackst, mach mit einem Querstrich zur Kontrolle
ein Kreuz daraus.

Wasser – mindestens zwei 1-Liter-Flaschen, frisch abgefüllt

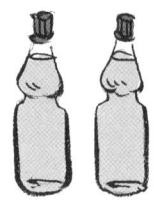

Wasser ist das Wichtigste, das dein Körper zum Überleben braucht – nimm davon immer so viel wie möglich mit! Und denk daran, dass du bei großer Hitze oder extremer Kälte viel mehr trinken musst.

Wasserreinigungstabletten

Du brauchst sie, wenn du in der Wildnis kein frisches Trinkwasser findest. Du bekommst sie in den meisten Campinggeschäften.

Streichhölzer – in einer wasserfesten Box

... und ein Feuerzeug. Vergiss nicht, dich zu erkundigen, wie du beides sicher benutzt, und teile immer einem Erwachsenen mit, dass du sie dabei hast.

Armbanduhr

Nicht nur, um die Zeit abzulesen, du wirst sehen, in der Wildnis kannst du sie auch als Kompass nutzen!

Mobiltelefon – mit vollem Akku!

Für den Notfall! Speichere vor dem Ausflug
unbedingt die wichtigsten Telefonnummern
ein – und denk daran, deine Nummer auch
den verantwortlichen Erwachsenen zu geben.

Wenn du noch Platz hast und es dir leisten
kannst, kannst du im Internet nach einem
solarbetriebenen Aufladegerät suchen.

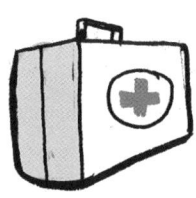

Erste-Hilfe-Kasten (siehe Seite 198)

Überprüfe, ob er nicht abgelaufen ist.
Alles, was du daraus verbraucht hast,
sollte ersetzt werden. Der Erste-Hilfe-
Kasten gehört zur Grundausstattung –
verlass das Haus niemals ohne!

Sonnenschutz

Sonnenbrand kann sehr schmerzhaft und
gefährlich sein. Du solltest deshalb auf jeden
Fall eine gute Sonnencreme mit hohem
Lichtschutzfaktor dabeihaben. Wenn du an

besonders heißen Tagen unterwegs bist, pack
so viel davon ein, dass du dich mehrmals am
Tag einreiben kannst.

Trillerpfeife

Damit kannst du dich im Notfall bemerkbar machen. Am besten trägst du sie an einem Band um den Hals – das spart Platz und du hast sie jederzeit griffbereit.

Taschenlampe - und Reservebatterien

Um im Dunkeln etwas zu sehen!

Taschenmesser (siehe Seite 28)

Messer können sehr hilfreich sein – man muss mit ihnen aber sehr vorsichtig umgehen. Auch hier: Lass einen Erwachsenen wissen, dass du ein Messer dabei hast.

Lupe

Ob du's glaubst oder nicht: Damit kannst du Feuer machen!

Kerze

Falls deine Taschenlampenbatterien mal leer sind.

Kompass

Wenn du weißt, wie man einen Kompass richtig benutzt (siehe Seite 45), bist du in der Wildnis nie wirklich verloren.

Landkarten

Du solltest sie genau studieren, bevor du aufbrichst. Am besten bewahrst du sie in einer wasserdichten durchsichtigen Plastiktüte auf (große Brot- oder Gefrierbeutel sind dafür ideal) – so bleiben sie trocken und sauber.

Fernglas

Auch das kannst du um den Hals tragen. Super, um eventuelle Probleme schon kommen zu sehen, bevor sie dich sehen ... aber auch perfekt geeignet, um dir die Wildnis in deiner Gegend mal genauer anzusehen!

Angelschnur, Haken und Schwimmer

Wie du auf Seite 127 sehen wirst, benötigt man keine komplette Angelausrüstung, um einen Fisch zu fangen. Eine ausreichend lange Schnur, eine Auswahl an Haken, die du auf ein Klebeband klebst, und ein paar sicher verpackte Schwimmer – das ist alles.
was du brauchst!

Essensrationen - inklusive Pfefferminzriegel und Schokolade

Nichts schmeckt so lecker wie das Essen vom Lagerfeuer! Im Kapitel „Kochen am Lagerfeuer" findest du jede Menge Zubereitungsarten und Rezepte.
Die Pfefferminzriegel und die Schokolade sind super, wenn du mal schnell einen Energieschub brauchst, besonders in schwierigem Gelände oder wenn es sehr kalt ist.

Alu-Folie

Falte zwei großzügige Lagen davon (die Länge von deinem Ellbogen bis zu deinem Handgelenk sollte genügen) und verstau sie zusammen mit deinen Vorräten. Sehr nützlich beim Kochen!

Ein starkes, leichtes Seil - so viel, wie du tragen kannst

Ein Seil braucht zwar viel Platz, ist aber für einen Ausflug in die Wildnis extrem wichtig und praktisch.

Klopapier

Nimm nur umweltfreundliches und biologisch abbaubares Klopapier mit.

Reservekleidung – mindestens eine Garnitur

Bewahr sie in einer Plastiktüte auf und wechsle sie, wenn du nass wirst. Nasse Klamotten sind nicht nur schwerer, man friert auch leichter in ihnen. Und das kann zu ernsthaften Erkrankungen führen.

Hut

Wichtig bei jedem Wetter! Bei Hitze schützt er deinen Kopf vor zu viel Sonne, bei Kälte hält er dich warm. Und wenn es regnet, sorgt er dafür, dass du ein bisschen trockener bleibst!

Kochzubehör: zwei Pfannen, ein Becher, Besteck

Campinggeschäfte verkaufen Koch-Sets, die man komplett ineinander stecken kann – sie sind genial und sparen viel Platz in deinem Rucksack.

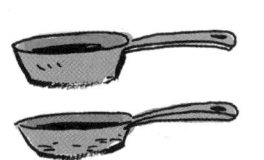

Schlafsack

Kauf den besten, den du dir leisten kannst – besonders wenn du vorhast, unter extremen Bedingungen zu übernachten!

Zelt

Auch hier gilt: Kauf das beste Zelt, das du dir leisten kannst. Schließlich ist es das Einzige, was dich vor der großen weiten Wildnis schützt während du schläfst – und du willst sicher nicht, dass es mitten in der Nacht zusammenbricht!

Tagebuch

Darin schreibst du alles zu deiner Reise, deinen zurückgelegten Strecken, alles Sehenswerte und alle sonstigen Beobachtungen auf. Mehr dazu, wie du dein Reisetagebuch führen kannst, findest du auf Seite 40.

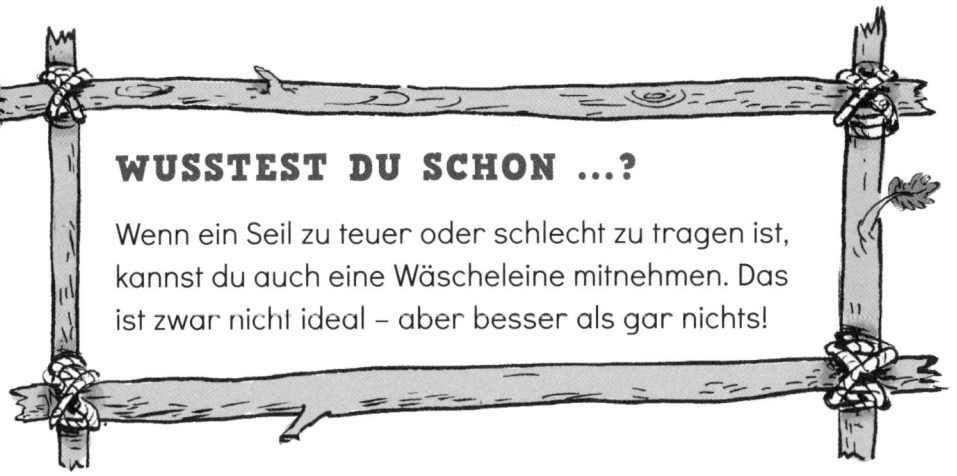

WUSSTEST DU SCHON ...?

Wenn ein Seil zu teuer oder schlecht zu tragen ist, kannst du auch eine Wäscheleine mitnehmen. Das ist zwar nicht ideal – aber besser als gar nichts!

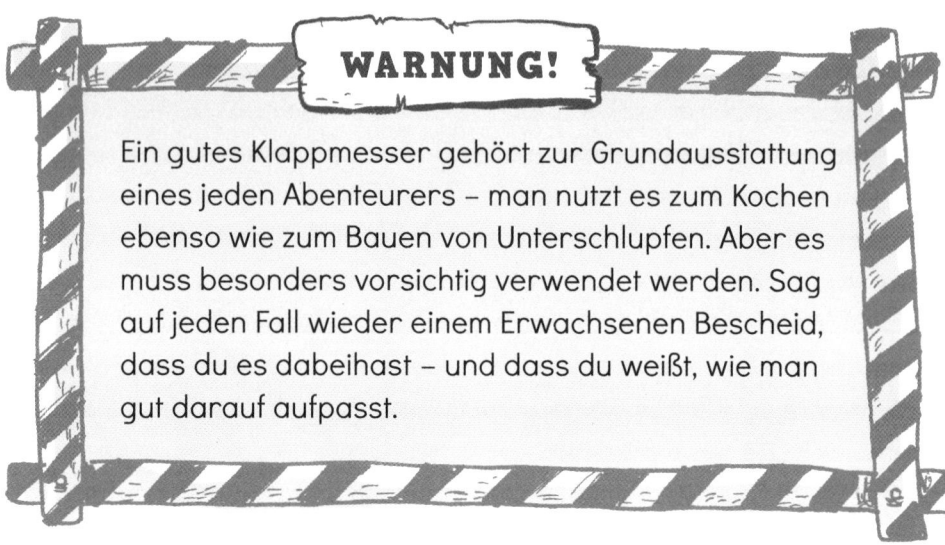

WARNUNG!

Ein gutes Klappmesser gehört zur Grundausstattung eines jeden Abenteurers – man nutzt es zum Kochen ebenso wie zum Bauen von Unterschlupfen. Aber es muss besonders vorsichtig verwendet werden. Sag auf jeden Fall wieder einem Erwachsenen Bescheid, dass du es dabeihast – und dass du weißt, wie man gut darauf aufpasst.

Das Gesetz sagt, dass man nur Messer bei sich tragen darf, die sich seitlich zusammenklappen lassen. Ihre Klinge darf nur einseitig geschliffen und nicht länger als 8,5 cm sein. Mehr zu diesem Thema findest du auf Seite 28.

Mach dir einen echten Wanderstock für Abenteurer

Jeder echte Abenteurer braucht einen stabilen Wanderstock. Von den ersten Höhlenmenschen bis hin zu den Survivaltrainern und Outdoorspezialisten von heute – auch die besten Entdecker haben diesen einfachen, aber unbezahlbaren Helfer in der Wildnis dabeigehabt. Ob als Spazierstock, als Werkzeug zur Überprüfung von Wassertiefe oder Treibsand, um Äpfel von hohen Ästen zu schlagen oder sogar als Waffe gegen angriffslustige wilde Tiere. Ein Wanderstab hat so viele Funktionen, wie du dir nur vorstellen kannst.

Und natürlich ist er auch ein genialer Wanderbegleiter – besonders in hügeligem oder bergigem Gelände bringt er dich sicher über schwierige und unsichere Pfade.

Wie man sich seinen eigenen Wanderstock macht

Dein Stab sollte schön robust sein und alles mitmachen – aber nicht so schwer, dass er dir auf deinem Weg zur Last fällt.

1. Suche dir einen guten soliden Ast, der ungefähr so groß ist wie du selbst.

2. Überprüfe sein Gewicht: Es kann sein, dass du nicht direkt den perfekten Ast findest. Suche, bis du einen findest, der gut in deiner Hand liegt.

3. Wenn du den richtigen gefunden hast, schneide alle kleinen Äste ab und glätte die gröberen Unebenheiten mit deinem Messer.

4. Wenn du nach deiner Suche wieder zu Hause ange-kommen bist, kannst du deinen Stock noch schön glatt-schmirgeln, sodass er eine schöne Oberfläche bekommt. Das schützt deine Hände vor Splittern und Blasen.

5. Zum Schluss sollte dein Stock einen Namen bekommen. Da er dich auf all deinen Abenteuern als treuer Freund begleiten wird, hat er einen eigenen Namen verdient!

▶ SURVIVAL-TIPP!

Wenn du magst, kannst du deine Abenteuer auf deinem Wanderstock verewigen. Dafür ritzt du jedes Mal, wenn er dir eine besonders gute Hilfe war, ein Symbol hinein. Schon nach wenigen Ausflügen in die Wildnis könnte er so von altertümlichen Runensym-bolen übersät sein wie der Stab eines Zauberers ...

Dein Messer

Viele Jahre lang gehörte ein Klappmesser zur Grund-ausstattung eines jeden Abenteurers.
Bedauerlicherweise werden Messer immer häufiger bei Straftaten verwendet – leider auch von Kindern –, sodass sie als mögliche Waffen im Fokus stehen wie nie zuvor.

Es ist daher **LEBENSNOTWENDIG**, dass du im Zusammen-hang mit Messern Folgendes immer beachtest:

- Benutz ein Messer nur, wenn Erwachsene dabei sind.
- Bestimmte Messer dürfen nicht an Personen unter 18 Jahren verkauft werden. Lass dich dazu am besten zusammen mit deinen Eltern in einem Waffengeschäft oder in einem Campinggeschäft, das auch Messer führt, beraten.
- Falls du oder deine Eltern ein Springmesser für dich kaufen dürfen, dann nur, wenn seine Klinge, wie gesetzlich vorgeschrieben, nicht länger als 8,5 cm und nicht beidseitig geschliffen ist. Sie muss seitlich aus dem Griff herausspringen oder aufklappbar sein.
- Bevor du mit einem Messer zu einem Abenteuer aufbrichst, solltest du ganz sicher sein, dass du genug Übung damit hast.
- Pflege die Klinge sorgfältig. Halte sie immer sauber und eingeklappt.
- Du solltest **JEDERZEIT** wissen, wo sich dein Messer befindet. Wenn du es gerade nicht benutzt, pack es sicher weg.
- Trage ein Messer nur mit Erlaubnis deiner Eltern. Und trage es einzig und allein in der Wildnis. Du solltest ein Messer **NIEMALS** ständig bei dir haben.
- Und zum Schluss das Wichtigste: Sei vorsichtig! Messer können in der Wildnis sehr praktisch sein – aber sie sind auch sehr gefährlich!

Wolken und Wetter

Jede Reise in die Natur wird vom Wetter bestimmt. Zu wissen, wie das Wetter wird, kann entscheidend dafür sein, ob dein Ausflug zu einem tollen Abenteuer oder einem grauenhaften Erlebnis wird.

Jedes Wetter hat seine Tücken – ob warm oder kalt, nass oder trocken. Wenn du vorhersagen kannst, wie sich das Wetter entwickeln wird, kannst du besser planen – und bist darauf vorbereitet, das Beste daraus zu machen.

In der brütend heißen Wüste zum Beispiel kann die Fähigkeit, die Anzeichen für einen der seltenen Regenschauer zu erkennen, den Unterschied zwischen Überleben oder Katastrophe bedeuten. Schon in früheren Zeiten konnten die Seeleute, die die Stärke und Richtung des Windes richtig vorhersagen konnten, ihre Schiffe als Erste ans sichere Land steuern.

Natürlich kann man trotzdem nie hundertprozentig sicher sein – selbst einige der größten Abenteurer der Welt sind durch unvorhersehbare Wetteränderungen schon in große Schwierigkeiten geraten. Aber ein bisschen Wissen und ein paar simple Tricks können dir zumindest eine kleine Orientierung geben ...

Wolken beobachten

Der leichteste Weg, das Wetter vorherzusagen, ist,
nach oben zu sehen und die Wolken zu deuten. Ihre Höhe,
Größe und sogar ihre Farbe können dir wertvolle
Hinweise geben ...

Dünn und zart, weiß, sehr weit oben am Himmel

Diese Wolken bedeuten, dass gutes, trockenes, sonniges
Wetter in Sicht ist.

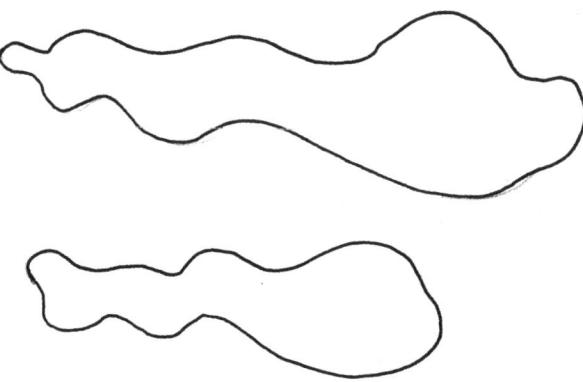

Große, wellenförmige, weiße Wolken

Können baldigen Regen ankündigen, der sich aber noch
ein bisschen Zeit lässt.

Graue Wolkendecke, düster und tief am Himmel hängend

Ob du es glaubst oder nicht, das bedeutet nicht unbedingt Regen. Graue Wolken am Morgen haben bis Mittag meist Platz für einen blauen Himmel gemacht. Sieht man diese Wolken aber nachmittags, sind sie eher ein Zeichen für feuchtes Wetter.

Dicht, dunkel, sehr tief

Stell dich auf einen langen, düsteren Wolkenbruch ein. Wenn es jetzt noch nicht regnet, fängt es ganz sicher bald an!

Große, sehr hohe Wolken, oben weiß, mit einer dunklen Schicht darunter

Bring dich in Sicherheit! Es gibt einen Sturm! Je beeindruckender diese Wolkentürme aussehen, umso heftiger wird der Sturm …

Vorhersagen leicht gemacht!

Sogar an den wildesten, entferntesten Orten der Welt finden sich Zeichen, die dir helfen, das Wetter vorherzusagen. Die Menschheit verlässt sich seit Jahrtausenden auf sie. So musst du als cleverer Abenteurer nicht mal den Himmel sehen können, um zu wissen, wie das Wetter wird!

- Achte auf wilde Blumen. Alle Pflanzen lieben den Regen – besonders Blumen freuen sich über eine erfrischende Dusche! Wenn ein Schauer naht, schließen viele Blumen ihre Blüten, um ihre Pollen zu schützen – bei Tulpen kannst du das besonders schön beobachten.
- Was machen die Vögel? Kannst du welche sehen? Wenn nicht – und besonders, wenn vorher Vögel da waren –, ist es fast sicher, dass sich Regen ankündigt. Das liegt daran, dass die Würmer und Insekten, die die Vögel fressen, sich schon in ihren Schlupflöchern in Sicherheit gebracht haben.
- Also, wenn du keine Vögel sehen kannst ... lausche nach Insekten! Schwirren Mücken umher? Summen die Bienen? Viele aktive Insekten bedeuten trockenes Wetter. Sind keine Insekten zu sehen oder zu hören, ist Regen im Anmarsch.
- Wie sieht es in den Baumkronen aus? Die Zweige dort oben sind leichter und reagieren stärker auf den Wind. Bevor irgendjemand auf dem Boden einen Sturm erahnen kann, schwanken sie schon hin und her.

Extremes Wetter

Von Zeit zu Zeit überrascht uns Mutter Natur mit richtig
ekligem Wetter – und wenn sie das tut, können die Folgen
verheerend sein. Man sollte also unbedingt wissen, wie
man sich verhalten muss, wenn die Wetterbedingungen
sich plötzlich verschlechtern ...

Fluten

„Sturz"-Fluten können blitzschnell zuschlagen und eine
Gegend in Minutenschnelle verwüsten. Sie sind außerdem
sehr gefährlich: Nicht nur, weil du ertrinken könntest,
sondern auch, weil das aufgewühlte Wasser in der
Strömung selbst größere Gegenstände einfach mit sich
reißt. Diese können schwere Verletzungen verursachen.

Folgende Anzeichen können auf eine Sturzflut hindeuten:

- Überschwemmungen folgen auf Regen – schlagen aber meistens weiter unten stromabwärts zu als der eigentliche Niederschlag. Versuche grundsätzlich immer, das Wetter im Auge zu behalten: Wenn du stromaufwärts Donner hörst, sei besonders vorsichtig.
- Achte auch auf alle anderen Bäche und Flüsse in deiner Nähe. Wenn ein Fluss mit klarem Wasser plötzlich schlammig und aufgewühlt aussieht, kann das ein Hinweis auf eine Flutwelle sein.
- Wie sind die Wasserstände der Flüsse? Steigen sie ganz plötzlich an, ist das kein gutes Zeichen!

Wie man sich bei einer Sturzflut verhält

1. Begib dich sofort in höhere Lagen. Je höher, umso besser, und so weit wie möglich weg vom Wasser – reißendes Flutwasser kann dich schon bei einem Pegel von nur 10 Zentimetern einfach umwerfen.

2. Sobald du einen sicheren Platz gefunden hast, rühr dich nicht mehr von der Stelle und sende, wenn nötig, Notsignale aus (siehe Seite 74).

Tornados

Tornados sind unglaublich starke Windtrichter, die eine extreme Verwüstung anrichten können. Sie schlagen meist schnell und ohne große Vorwarnung zu. Aber es gibt einige Anzeichen, mit denen sich ein Tornado ankündigt:

- Der Himmel wird – meistens sehr, sehr schnell – tief grünschwarz.
- Es fängt plötzlich an zu hageln.
- Beobachte die Wolken. Bewegen sie sich sehr schnell oder drehen sich vielleicht sogar trichterförmig? Weil Tornados das tun, nennt man sie im Englischen auch „Twister".
- Hör genau hin: Tornados sind dröhnend laut und werden immer lauter, je näher sie kommen.
- Fallen Zweige vom Himmel? Dann ist der Tornado schon ziemlich nah!

Was zu tun ist, wenn ein Tornado zuschlägt:

1. Rennen. So schnell du kannst. Ein Tornado ist sehr schnell, also solltest du ihm am besten zur Seite hin aus dem Weg gehen, statt zu versuchen, schneller zu sein als er.

2. Finde einen Graben oder eine Mulde und leg dich mit dem Gesicht nach unten hinein, die Arme über deinem Kopf verschränkt.

3. Such **NIEMALS** unter Bäumen Schutz – sie könnten in den Tornado hineingesogen werden!

Gewitter

Auch wenn die Gefahr, in der Natur vom Blitz getroffen zu werden, nicht allzu groß ist – es kommt vor! Allein in Deutschland werden jedes Jahr durchschnittlich 15 Menschen vom Blitz getroffen. Auch wenn es bei Gewitter draußen nirgendwo wirklich sicher ist, kann man doch vorbeugend etwas für die eigene Sicherheit tun.

• Behalte das Wetter im Auge, achte insbesondere auf Wolken mit dunklen Unterseiten (siehe Seite 31).
• Siehst du noch Insekten und Vögel? Normalerweise verschwinden sie vor einem Gewitter.
• Lerne einzuschätzen, wie weit das Gewitter noch entfernt ist (siehe nächste Seite).

Wie du die Entfernung zu einem Gewitter misst

Wenn du Donner hören und Blitze sehen kannst, kannst du die Entfernung zwischen dir und dem Gewitter schätzen. Das funktioniert, weil sich Licht (also z. B. ein Blitz) schneller bewegt als der Schall (der Donner).

1. Wenn du einen Blitz siehst, fängst du langsam an, die Sekunden zu zählen. Der beste Trick ist, immer ein „und" zwischen die Zahlen zu setzen: „Eins und zwei und drei und ..." und so weiter.

2. Zähl so lange, bis es donnert. Die Anzahl der Sekunden, die du bis zum Donner zählen konntest, entspricht ungefähr der Anzahl von Kilometern, die der Sturm noch von dir entfernt ist.

3. Beim nächsten Blitz machst du das Gleiche noch einmal. Ist das Gewitter näher gekommen, oder ist es jetzt weiter weg?

Was zu tun ist, wenn du in ein Gewitter geraten bist:

1. Nicht in Panik geraten! Ruhig zu bleiben ist der beste Weg, um sich in Sicherheit zu bringen.

2. Verlass einsame oder höher gelegene Standorte, so schnell du kannst. Blitze schlagen in der Regel immer an der höchsten Stelle ein. Wenn du dich also auf einem Hochplateau oder Berg befindest, begib dich an eine geschützte, tiefer liegende Stelle.

3. Such **NIEMALS** Schutz unter einem großen Baum. Er wird nicht nur den Blitz anziehen, dir könnten auch Äste auf den Kopf fallen.

4. Such nach einem tiefer gelegenen Ort abseits des Sturms, wie einer Höhle, oder kauere dich irgendwo zwischen die Felsen.

5. Halt dich von Stromleitungen und elektrischen Zäunen fern. Blitze leiten Elektrizität und werden von ihr angezogen.

6. Auch Wasser leitet Strom, also halte dich von Bächen, Flüssen oder Seen fern.

7. Geh auf den Fußballen in die Hocke und halte dir mit den Händen die Ohren zu.

Wie man ein Abenteuertagebuch führt

Einer der wichtigsten Gegenstände auf deinen Abenteuern ist dein Abenteuertagebuch, und auch das kannst du dir selbst machen. Du berichtest darin von all deinen Expeditionen. So wird es gleichzeitig zu einer praktischen Anleitung für deine nächsten Trips. Du solltest alles aufschreiben, was du erlebst. Notiere auch alle neuen Fähigkeiten oder Techniken, die dir geholfen haben, bestimmte Probleme zu lösen. Dein Tagebuch sollte natürlich auch jede Menge Zeichnungen und Fotos von deinen Wanderungen enthalten. Es sollte dich überallhin begleiten und du solltest immer wieder Dinge ergänzen oder dich darauf beziehen – stell dir vor, in einigen Jahren kannst du daraus vielleicht ein Buch für zukünftige Abenteurer machen, die sich gerne etwas von dem abgucken möchten, was du auf deinen Expeditionen gelernt hast!

Tipps für dein Tagebuch

- Verwende ein spiralgebundenes Notizbuch. Die Seiten lassen sich leichter hin- und herblättern.
- Verwende einen strapazierfähigen Bindfaden und binde damit einen Stift an der Spiralbindung fest – so kannst du jederzeit schnell etwas aufschreiben.
- Bewahr das Heft so in deinem Rucksack auf, dass es jederzeit griffbereit ist.
- Um das Heft beim Transport vor Feuchtigkeit und Schmutz zu schützen, packst du es am besten in eine durchsichtige Tüte.

- Du könntest auch ein Loch in die Tüte machen, ein Band hindurchfädeln und das Heft um den Hals tragen. So hast du es immer zur Hand.
- Denk daran, auf deiner Wanderung Karten zu erstellen. Du erfährst mehr darüber auf Seite 52.
- Nimm dir jeden Abend Zeit, deine neuesten Abenteuer oder Dinge, die du gelernt hast, in dein Tagebuch einzutragen.
- Notiere, wo du dich befindest, wie weit du gereist bist, wo und wann du Pause gemacht und etwas gegessen hast, welche Tiere dir begegnet sind und so weiter.
- Notiere, wann die Sonne auf- oder untergegangen ist.
- Fertige eine Zeichnung von den besonderen Merkmalen der Landschaft in der Nähe des Lagers an ... für den Fall, dass du dich mal verlaufen solltest.
- Vergiss nicht, alle Einträge mit einem Datum zu versehen!

EINE WAHRE GESCHICHTE:
Marco Polo

Marco Polo ist einer der bedeutendsten Abenteurer der Welt. Auf seinen Abenteuerreisen schrieb er eins der ersten und besten Reisetagebücher überhaupt!

Marco Polo wurde 1254 in Venedig geboren und unternahm mit 17 seine erste große Reise – bis nach China. Als er den Hof des damaligen Kaisers von China, Kublai Khan, erreichte, war er dreieinhalb Jahre unterwegs gewesen und hatte mehr als 9.000 Kilometer zurückgelegt. Das beeindruckte den Kaiser und er schickte Marco Polo in den folgenden 17 Jahren auf besondere Missionen durch China, Burma und Indien. Einige der Orte, die er besuchte, wurden erst 600 Jahre später wieder von einem Europäer betreten.

Marco Polo verließ China schließlich wieder, um eine mongolische Prinzessin sicher nach Persien zu bringen. Aber die Reise wurde schrecklich – Piraten griffen sie an, sie infizierten sich mit Krankheiten und mussten schlimme Stürme überstehen. Am Ende hatten von ursprünglich 600 Reisenden nur 18 die Fahrt überlebt, darunter Marco und die Prinzessin.

1295, genau 24 Jahre, nachdem er von dort in See gestochen war, kehrte Marco Polo wieder nach Venedig zurück – doch das sollten noch nicht seine letzten Abenteuer gewesen sein!

Drei Jahre später nahm er an einer Schlacht gegen die verfeindete Stadt Genua teil. Er wurde gefangen genommen und ins Gefängnis geworfen. Einer seiner Mithäftlinge drängte ihn, die Geschichten von seinen Reisen aufzuschreiben. Heraus kam das Buch „Die Reisen des Marco Polo" – ein Buch, das in ganz Europa bekannt wurde. Die Geschichten darin waren so fantastisch, dass viele Menschen sie für erfunden hielten!

Die Orientierung behalten:
Unterwegs in der Wildnis

Das Allererste, das jeder Abenteurer wissen sollte, ist, wie man in der Wildnis den richtigen Weg findet. Vielleicht bist du der Beste im Zeltaufbauen, ein Experte im Feuermachen oder ein Meister bei der Nahrungssuche ... aber wenn du dich nicht zurechtfindest, nützt dir alles andere auch nichts.

Drei Schlüsselfaktoren entscheiden darüber, ob du in der freien Natur gut zurechtkommst. Du solltest wissen, wie du

- dich orientierst,
- dich schützen kannst,
- Wasser und Nahrung findest.

In diesem Kapitel erfährst du, wie du dich gut und sicher in der Natur zurechtfindest – und in den folgenden Kapiteln, wie eng diese Fähigkeit mit dem Aufschlagen eines Lagers am richtigen Platz und der Nahrungs- und Wassersuche verbunden sind.

Wie man einen Kompass benutzt

Wie kein anderes Werkzeug in deiner Ausrüstung hilft dir dein Kompass, in der Natur auf dem richtigen Weg zu bleiben. Wenn du weißt, wie du ihn richtig benutzt, kommst du in bestimmten Gegenden sogar ganz ohne Karte aus!

► SURVIVAL-TIPP!

Es gibt sehr viele verschiedene Arten von Kompassen, von kleinen Spielzeugen bis hin zu superteuren Modellen, wie man sie beim Militär benutzt. Während im Notfall auch alles andere funktioniert, das nach Norden zeigt, kaufst du dir zur Orientierung am besten einen Standardkompass. Er hat nicht nur alle nötigen Funktionen, sondern sprengt auch deine Abenteuerreisekasse nicht!

Einen Standardkompass zu benutzen ist einfach.

• Als Erstes solltest du dir merken, dass die Kompassnadel immer nach Norden zeigt. Vergiss die N-/O-/S-/W-Markierungen am Rand und konzentriere dich auf die Nadel.

- Um den Kompass zu lesen, bleibst du einfach ruhig stehen und hältst ihn in der Waage, damit sich die Nadel frei drehen kann. Wenn sie sich wieder beruhigt, zeigt sie in den „magnetischen Norden".
- Während du den Kompass gerade hältst, drehst du die Drehscheibe um die Nadel, bis das N für Norden direkt über der Nadel steht. Jetzt sind auch die Markierungen für Osten, Westen und Süden an der richtigen Stelle und der Kompass ist eingenordet!
- Wenn du wissen willst, in welche Richtung du gehen musst, orientiere dich an der Richtungslinie an der Spitze des Kompasses.
- Bring die Nadel, die nach Norden zeigt, auf eine Linie mit der nördlichen Richtung auf deiner Karte (die meisten Karten sind sowieso nach Norden ausgerichtet).
- Solange du also einen Kompass lesen kannst, wirst du immer die richtige Richtung finden.

SURVIVAL-TIPP!

Kompasse funktionieren mithilfe von Magnetismus – du musst also darauf achten, dass kein anderes Magnetfeld deine Messung stört.

Norden ist nicht gleich Norden

Der Nordpol (oder „rechtweisend Nord", wie man es auch nennt) ist genau genommen an einem etwas anderen Ort als der magnetische Norden, auf den alle Kompassnadeln zeigen. Das liegt daran, dass die Erde nicht ganz rund, sondern an den Polen etwas abgeflacht ist. Wenn man aber nicht gerade in der tiefsten Arktis unterwegs ist, ist der Unterschied so minimal, dass man sich keine Sorgen machen muss!

Den Norden ohne Kompass finden

Ein erfahrener Abenteurer wird sich nie verlaufen, nicht einmal in der abgelegensten Wildnis. Im Notfall – angenommen, du hast irgendwie deine Karte und deinen Kompass verloren – ist es mithilfe einer Uhr ganz einfach, den Weg ins Camp oder zurück in die Zivilisation wiederzufinden.

So verwandelst du deine Armbanduhr in einen Kompass

Du brauchst:
- eine ganz normale Armbanduhr mit Zifferblatt und einem großen und einem kleinen Zeiger
- oder eine digitale Armbanduhr und ein Blatt Papier sowie einen Kugelschreiber oder einen Bleistift
- einen sonnigen Tag!

Dies ist ein alter Soldatentrick aus der Zeit der ersten Armbanduhren: Du musst nur die Uhrzeit kennen und die Sonne sehen können. (Das funktioniert sogar mit einer digitalen Uhr, zeichne einfach ein Zifferblatt mit der korrekten Uhrzeit auf ein Stück Papier.)

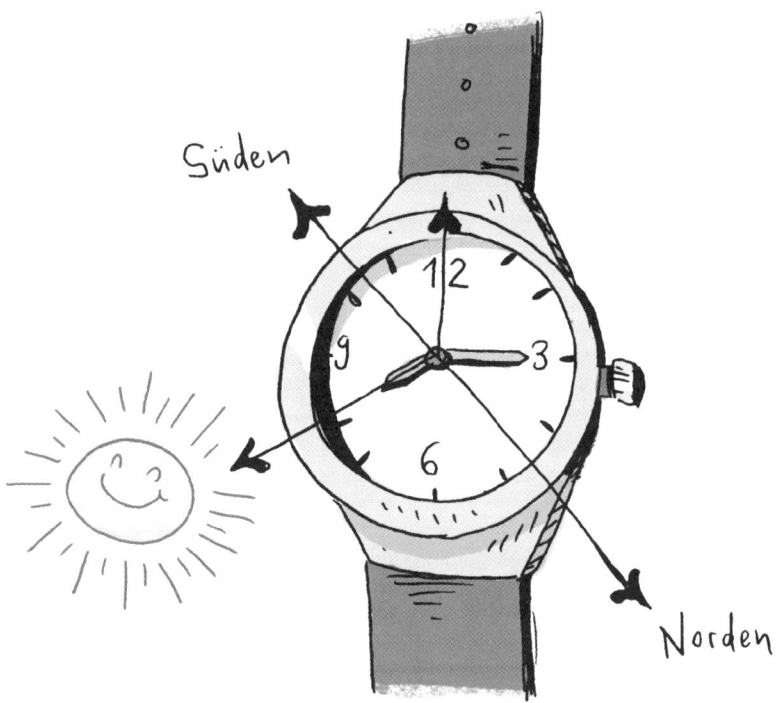

1. Wenn du dich auf der nördlichen Erdhalbkugel befindest, richte den kleinen Zeiger deiner Armbanduhr (oder den auf deiner Zeichnung) in Richtung Sonne aus.

2. Suche den Mittelpunkt zwischen dem kleinen Zeiger und 12 Uhr mittags.

3. Dieser Mittelpunkt zeigt genau nach Süden – was bedeutet, dass Norden genau gegenüber liegt!

Auf der südlichen Erdhalbkugel wird die 12 Uhr auf die Sonne ausgerichtet – der Norden liegt dann auf dem Mittelpunkt zwischen 12 Uhr und dem kleinen Zeiger.

Weitere Tricks

Gerätst du in eine echte Notlage – und hast nicht einmal eine Armbanduhr dabei –, kannst du dich immer noch an Hinweisen in der Natur orientieren. Wenn du dich auf der südlichen Erdhalbkugel befindest, müssen sie genau spiegelverkehrt gelesen werden.

- Orientiere dich an den Bergen: Der Schnee auf den Höhen wird auf der Nordseite immer dicker sein, weil diese immer weniger Sonne bekommen als die Südhänge.
- Blumen wenden sich immer der Sonne zu. Und da sie immer im Süden steht, wenn sie zur Mittagszeit am stärksten scheint, schauen die meisten Blumen nach Süden.
- Die Nordhänge der Berge sind meist feuchter und dadurch dunkler als die Südhänge. Sie bekommen weniger Sonne ab, deshalb verdunstet der Tau langsamer.
- Und vergiss nicht: Die Sonne geht im Osten auf und im Westen unter – und mittags steht sie im Süden.

Karten lesen

Es kann etwas dauern, bis du das Kartenlesen gelernt hat – aber mit ein bisschen Übung kannst du irgendwann mit einem Blick auf die Karte ein komplettes Bild der Landschaft vor dir sehen.

Maßstäbe

Alle Karten sind nach Maßstäben gezeichnet. Auch wenn es erst ein bisschen verwirrend sein kann, wird das Lesen der Karten viel leichter, wenn du die Sache mit dem Maßstab erst einmal verstanden hast.

Der Maßstab gibt an, für welche tatsächliche Strecke 1 cm auf der Karte steht. Also, wenn beispielsweise der Maßstab 1 : 10.000 ist, bedeutet das, dass jeder Zentimeter auf der Karte in Wirklichkeit 10.000 Zentimeter lang ist – oder eben 100 Meter. Genauso bei 1 : 25.000 – jeder Zentimeter steht für 250 Meter.

Konturen

Konturen sind Linien auf deiner Karte, meistens unregelmäßige Kreise und Linien. Sie verbinden die Punkte auf der Karte, die in der Landschaft auf der gleichen Höhe liegen – wir können an ihnen also zum Beispiel Berge und Hügel erkennen. Wenn die Konturlinien weit auseinanderliegen, bedeutet das ein sanftes Gefälle. Liegen Sie eng beieinander, sind die Hänge steil.

Legende

Alle Karten haben eine sogenannte Legende, in der die vielen kleinen Symbole erklärt werden. Es ist gut, sich einige der wichtigeren einzuprägen, bevor du dich auf den Weg machst. So musst du nicht immer wieder die Erklärungen lesen.

Kompass

Landkarten sind immer genordet – falls nicht, zeigt ein Kompass-Symbol in einer Ecke der Karte an, wo Norden ist. Wenn du eine Karte liest, solltest du als erstes deinen Kompass daran ausrichten. So gehst du sicher, dass du sie beim Lesen in die richtige Richtung hältst!

Wie man seine eigene Landkarte herstellt

Du brauchst:
- einen Kompass
- kariertes Papier
- einen Kugelschreiber oder Bleistift

Es ist sehr praktisch, seine eigene Karte zeichnen zu können. Wenn du genau vermerkst, wo du warst und was sich um dich herum befindet, wirst du dich nie verlaufen. So kannst du auch auf weniger detaillierten oder veralteten Karten nützliche Informationen ergänzen.

Um deine eigene Karte zu erstellen, musst du nur lernen, beim Zeichnen „tatsächliche" Maße in einen Maßstab auf Papier zu übertragen – und natürlich, deinen Kompass zu benutzen!

1. Am einfachsten lässt sich eine Karte auf kariertem Papier erstellen. Zeichne in eine der beiden oberen Ecken die vier Himmelsrichtungen ein. Norden sollte nach oben zeigen.

2. Orientier dich jetzt an deinem Kompass und dreh dich selbst so, dass du Richtung Norden blickst. Jetzt stimmen Karte und Kompass überein!

3. Als Nächstes musst du den Maßstab festlegen. Für eine einfache Karte könnte ein Quadrat einem Schritt entsprechen.

4. Jetzt kannst du deine Karte anlegen! Am besten fängst du in der Mitte des Blattes mit einem kleinen Symbol für dein Zelt an.

5. Ausgehend von deinem Zelt zählst du dann (zum Beispiel) die Schritte bis zu deinem Feuer. Jetzt weißt du genau, wo du das Symbol für das Feuer einzeichnen musst! Angenommen, du hast bis zum Feuer acht Schritte östlich gemessen, dann geh einfach von deinem Zeltsymbol aus acht Kästchen nach rechts (oder ostwärts) und zeichne ein Feuersymbol ein.

6. Genauso machst du es mit allem, was du für nützlich hältst. Wenn du das Lager verlässt, kannst du die Entfernungen und Richtungen auf die gleiche Weise messen und einzeichnen!

Für eine kleine Karte, zum Beispiel von deinem Lager, ist ein Maßstab von einem Kästchen pro Schritt ideal. Bei einer größeren Karte wird es bei diesem Maßstab auf deinem Blatt allerdings schnell zu eng. Probier für größere Karten doch mal Maßstäbe von 10 Schritten oder bei noch größeren Distanzen sogar 20 Schritt pro Kästchen aus.

Wie man sich an den Sternen orientiert

Nur weil die Sonne untergegangen ist, muss das nicht automatisch bedeuten, dass man bis zum Morgengrauen „im Dunkeln tappt"! In klaren Nächten kann dir der Himmel zuverlässig als Kompass dienen – der nicht nur absolut genau ist, sondern für den du nur mal kurz nach oben sehen musst.

Auch die Sterne bleiben nicht die ganze Nacht über an derselben Stelle, sondern verändern, wie Sonne und Mond, ihre Position am Nachthimmel. Alle, bis auf einen! Und dieser eine Stern befindet sich zufällig direkt über dem Nordpol. Steht er genau über deinem Kopf, dann – herzlichen Glückwunsch! – bist du erfolgreich am Nordpol angekommen!

Alles, was du tun musst, um am Nachthimmel den Norden zu finden, ist herauszufinden, wo sich dieser Stern (der sogenannte Polarstern) gerade befindet. Und zum Glück gehört er nicht nur zu den hellsten Sternen am Himmel, er ist außerdem am leichtesten von allen zu finden.

SURVIVAL-TIPP!

Auch auf der südlichen Erdhalbkugel kannst du die Richtung für deinen Kompass ermitteln (siehe Seite 56).

Norden - Der Polarstern

Der Polarstern ist ganz einfach zu finden, indem du zunächst nach dem Großen Wagen suchst – er sieht aus wie ein riesiger Topf mit einem Stiel daran. Zieh in Gedanken eine verlängerte Linie durch die beiden Sterne, die die äußere Kante des Topfes bilden (siehe Zeichnung Seite 56). Der nächste helle Stern auf der verlängerten Linie, den du siehst, ist der Polarstern. Wann immer du in seine Richtung blickst, gehst du automatisch nach Norden.

So findest du den Polarstern

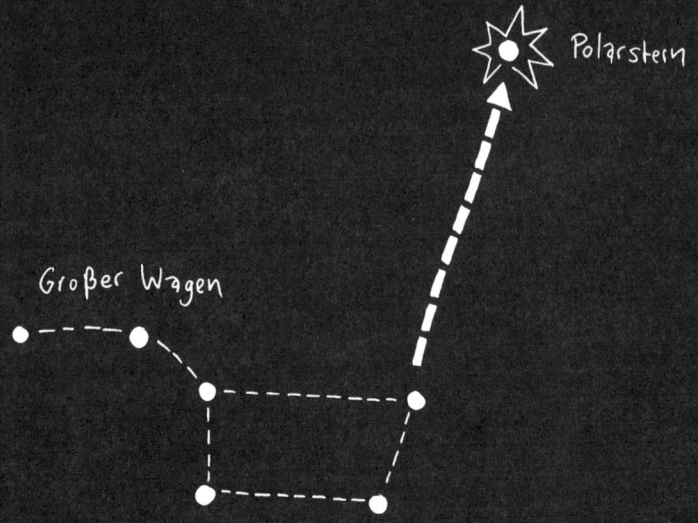

Polarstern

Großer Wagen

SURVIVAL-TIPP!

Auf der südlichen Halbkugel sind die Sternen-konstellationen anders. Um die genaue südliche Richtung zu finden, such nach dem Sternbild „Kreuz des Südens".

Da es am südlichen Himmel keinen Stern wie den Polarstern gibt, der den Himmelspol kennzeichnet, ist das „Kreuz des Südens" von besonderer Bedeutung für die Orientierung: Wenn du seine leicht schräge Längsachse um das 4-fache verlängerst und dir dann eine senkrechte Linie bis auf den Erdboden denkst, kannst du ziemlich genau die Südrichtung bestimmen.

Das Kreuz des Südens

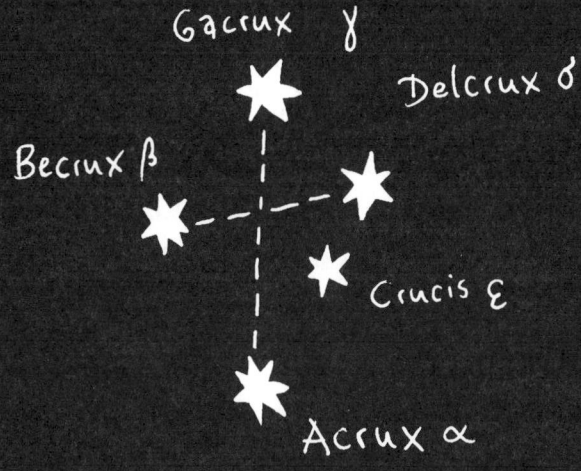

Um das Kreuz selbst zu finden, helfen die sogenannten „Zeiger" im Sternbild „Zentaur" (Alpha und Beta Centauri). Eine Verbindungslinie durch diese beiden sehr auffälligen, hellen Sterne weist genau auf die obere Spitze des Kreuzes.

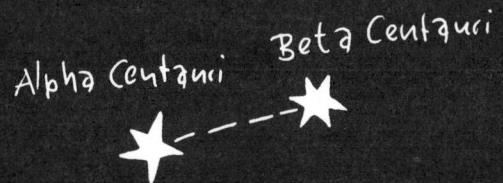

EINE WAHRE GESCHICHTE:
Leif Ericson

Vor tausend Jahren waren die Wikinger oder
„Normannen" (das heißt Nordmänner) Europas größte
Abenteurer und Seefahrer. Der vielleicht berühmteste
normannische Entdecker war Leif Ericson. Man nimmt an,
dass er im Jahr 1001 als allererster Europäer Nordamerika
entdeckte – mehr als 500 Jahre vor Christoph Columbus.

Leif segelte mit einem aus heutiger Sicht winzigen Boot
und 35 Männern von Norwegen aus quer über den
Atlantik. Er reiste damit fast 970 Kilometer weiter, als es
jemals ein Seefahrer vor ihm geschafft hatte.

Die Wikinger glaubten zu dieser Zeit noch, dass die Welt
flach sei und dass man, wenn man zu weit nach Westen
segelte, den Rand der Welt erreichen und hinunterfallen
würde. Leif war davon nicht überzeugt: Er lernte, in den
Sternen zu lesen, und erkannte, dass er sich beim
Navigieren am Polarstern orientieren konnte. Außerdem
benutzte er einen „Magnetstein" – einen magnetisierten
Stein, der wie ein Kompass funktionierte. Leif sah das so:
Falls er tatsächlich etwas erreichen würde, das wie das
Ende der Welt aussähe, würde er mit seinem Schiff
einfach wenden und nach Norwegen zurücksegeln.

Nach einigen Monaten auf See steuerte Leif Ericson sein Schiff sicher an die Küste eines Landes mit fruchtbarem Weideland, Flüssen voller Lachse und üppigen dunklen Wäldern. Er nannte es „Vinland" – das bedeutet „Land des Weines" – und wir kennen es heute als Neufundland in Kanada. In Amerika wird ihm zu Ehren der 9. Oktober bis heute als „Leif-Ericson-Tag" gefeiert.

Zunehmender
Dreiviertelmond

Zunehmender Mond
(erstes Viertel)

Zunehmender
Halbmond

Neumond

Die Mondphasen

Wir alle kennen den Unterschied zwischen einem Vollmond und einem Sichelmond. Aber wusstest du schon, dass du anhand der Form des Mondes sogar einen Kalender führen kannst?

Die verschiedenen Formen des Mondes nennt man „Mondphasen". Sie entstehen, weil die Erde unterschiedlich große Schatten auf den Mond wirft, während er sie umkreist. Bei Neumond ist er gar nicht mehr zu sehen, weil der Schatten ihn vollständig bedeckt. Im Laufe eines Monats wird der Schatten dann nach und nach immer kleiner, bis bei Vollmond gar kein Schatten mehr zu sehen ist. Ab dann nimmt der Schatten wieder zu, bis der Mond als Neumond wieder ganz verschwindet.

Vollmond

Abnehmender
Dreiviertelmond

Abnehmender
Mond (letztes
Viertel)

Abnehmende
Halbmondphase

Neumond

Mit diesem Wissen kannst du anhand des Mondes die Zeit messen. Da es von Neumond zu Neumond ungefähr einen Monat dauert, kann man sagen, dass zwischen den einzelnen Mondphasen jeweils etwa eine Woche liegt – von Neumond zu Halbmond, dann zu Vollmond, zurück zu Halbmond und dann wieder zu Neumond.
Auf langen Reisen kann man sich immer gut am Mond orientieren.

„Jägermond" nennt man den besonderen Vollmond, der sich zeitlich am nächsten zur Herbst-Tagundnachtgleiche am 21. September zeigt. Der Jägermond geht genau in dem Moment auf, in dem die Sonne untergeht – er ist sehr hell und Jäger können so ihre Beute bis spät in die Nacht verfolgen ...

So baust du dir eine Sonnenuhr

Du brauchst:
• ein großes, flaches Stück Holz (ca. 40 mal 40 cm)
• einen Kugelschreiber oder Bleistift
• ein Taschenmesser
• einen Stock
• eine sternenklare Nacht

Hast du in der Wildnis keine Uhr dabei, kannst du folgenden alten Indianertrick anwenden, um die Zeit vorhersagen zu können. Und das nur, indem du die Sonne nutzt.

1. Besorg dir als erstes ein glattes, flaches Stück Holz, das ungefähr 40 mal 40 cm groß ist. Zeichne einen großen Kreis darauf, so groß wie möglich.

2. Unterteile den Kreis in 24 gleiche Teile – so als würdest du eine Pizza schneiden. Das sind die Stunden deiner Uhr.

3. Leg das Holz auf einen festen, geraden Untergrund, wie z. B. einen Baumstumpf. Befestige es daran, so gut du kannst – die Uhr arbeitet nicht zuverlässig, wenn sie sich verschiebt!

4. Warte die Nacht ab und such dann den Polarstern am Himmel (siehe Seite 56). Richte die obere Linie des „Ziffernblatts" nach Norden aus – das wird deine 12-Uhr-Markierung sein.

5. Schneide mit deinem Messer ganz vorsichtig eine Kerbe in die Mitte der Scheibe.

6. Klemm nun einen Stock so in die Kerbe ein, dass er, wenn du an ihm entlang siehst, direkt zum Polarstern zeigt.

7. Am nächsten Morgen wird der Stock durch das Licht der Sonne einen Schatten werfen – wohin auch immer der Schatten fällt, zeigt er die (fast) korrekte Zeit an!

EINE WAHRE GESCHICHTE:
Harriet Chalmers-Adams

Harriet Chalmers-Adams war eine der wichtigsten amerikanischen Entdeckerinnen – und ist zugleich auch eine, die am wenigsten in Erinnerung geblieben ist. Doch vor 90 Jahren war sie als die mutigste Frau unter den Abenteurern ihrer Zeit berühmt. Sie war außerdem eine geniale Fährten- und Spurensucherin.

Als Harriet 14 Jahre alt war, fuhr sie mit ihrem Vater ein ganzes Jahr lang quer durch Kalifornien bis nach Mexiko. Seitdem liebte sie das Leben in der Natur und verschrieb sich für den Rest ihres Lebens dem Abenteuer.

Sie heiratete Frank Adams, einen Ingenieur, und 1904 machten sie sich auf eine gefährliche Reise durch Südamerika. Sie reisten zu Pferd und verließen sich auf die Fähigkeiten, die Harriet in ihrer Kindheit erlernt hatte, um zu überleben. Während ihrer Abenteuer schrieb Harriet genaue Reiseberichte – sie notierte alle Orte, die sie besuchten, alles, was sie beobachtete, und die verschiedenen Stämme und Kulturen, denen sie begegnete. Ihre Reiseerinnerungen wurden später in einem Buch veröffentlicht.

In den 1920er-Jahren ließ die „National Geographic Society" – die amerikanische Gesellschaft, die die Geographie fördert – Frauen als Mitglieder noch nicht zu. Also gründete Harriet 1925 ihren eigenen Abenteurer-Club für Frauen: Die „Society of Women Geographers". Kurz vor ihrem Tod im Jahr 1937 schrieb die New York Times: „Harriet Chalmers-Adams ist Amerikas bedeutendste Entdeckerin."

Fährten- und Spurensuche

Ein professioneller Abenteurer sollte unbedingt lernen, wie man Spuren folgt. Ein Fährtenleser ist jemand, der weiß, wie man eine Spur findet. Er kann erkennen, welches Tier die Spur wann hinterlassen hat und ob sie zu etwas Essbarem führt.

Alle Lebewesen, die eine Spur hinterlassen, der ein Fährtenleser folgen kann, könnten für einen Jäger zu einer „Beute" werden.

Um ein erstklassiger Fährtensucher zu werden, musst du alle deine Sinne einsetzen.

Deine Augen

Schau dich sorgfältig nach Spuren um –
vom größten Tatzenabdruck bis zur kleinsten
Schneise im umgeknickten Gras. Als Jäger
solltest du sie alle erkennen können.

Deine Ohren

Achte ganz genau auf die Geräusche, die die Tiere
um dich herum machen. Alles kann dabei hilfreich
sein, von den Stimmen der Tiere (das Löwengebrüll
da – wie laut ist es? Ist es nah oder weit entfernt?)
bis zum Rascheln der Blätter und dem Knacken der
Zweige. All das können Anzeichen dafür sein, dass
sich etwas ganz in deiner Nähe befindet.

Deine Nase

Mit der Nase kannst du die Beute nicht nur „wittern",
sondern auch die Hinweise zuordnen, die sie
hinterlässt … einige davon können allerdings ganz
schön stinken!

Deine Finger

Dein Tastsinn kann dir sagen, wie frisch oder alt
eine Spur ist. Wenn du zum Beispiel an einem
verlassenen Lagerfeuer vorbeikommst – ist die
Asche noch warm? Denn wenn, kann das
bedeuten, dass die Leute, die das Feuer gemacht
haben, noch ganz in deiner Nähe sind …

Die Kunst des Verfolgens – Tipps und Techniken

Um ein professioneller Fährtenleser zu werden, braucht man jahrelange Erfahrung. Doch es gibt ein paar Tricks, die auch jeder Anfänger schon einsetzen kann ...

- Benutze deine Sinne! Eine bessere Orientierungshilfe gibt es nicht.
- Du solltest immer eine Tierspuren-Übersicht griffbereit haben. Mit der Zeit wirst du die Spuren routiniert auf den ersten Blick erkennen. Doch am Anfang hilft eine Übersicht, um sie kennenzulernen.
- Am leichtesten kann man einer Fährte bei Nässe oder im Schnee folgen – die Spuren zeichnen sich dann am besten ab. Bei Trockenheit versucht es ein kluger Fährtenleser am besten früh morgens im Tau.
- Achte auch auf alle anderen Zeichen von deiner Beute. Tierkot, gebrochene Zweige, angefressene Pflanzen und zerkratzte Baumstämme können ein Hinweis darauf sein, dass sie diesen Weg benutzt hat.
- Einige Tiere kann man sogar an ihrer Losung (ihren Kötteln!) erkennen! Und auch wenn man sie eigentlich nicht anfassen sollte, können erfahrene Jäger an ihrer Temperatur sogar erkennen, wie nah das Tier ihnen ist!
- Verhalte dich ruhig und duck dich tief nach unten – du willst deine Beute ja nicht verschrecken.

- Halte Ausschau nach ausgetretenen Pfaden. So wie wir Straßen bauen, benutzen viele Tiere immer wieder die gleichen Routen durch ihr Revier – sie sind vielleicht kleiner und schwerer zu finden, aber es gibt sie!
- Achte auf die Abstände zwischen den Abdrücken. Wenn sie nah beieinanderliegen, dann geht das, was du verfolgst, vermutlich eher langsam – liegen sie weiter auseinander, rennt es. Aber Vorsicht! Beachte unbedingt unseren Survival-Tipp!
- Konzentrier dich auf den Boden fünf Meter vor dir – dann kommst du schneller voran und kannst plötzliche Richtungswechsel besser erkennen.

▶ SURVIVAL-TIPP!

Auch wenn weiter auseinanderliegende Abdrücke meist bedeuten, dass ein Tier sich schnell bewegt, denk daran: je größer ein Tier, umso größer seine Schritte! Sei vorsichtig, dass du nicht etwas Großes, Langsames mit etwas Kleinem, Rennenden verwechselst!

Tierspuren

Die Spuren eines Tieres erkennen zu können, ist der erste Schritt bei der Verfolgung einer Fährte – und sagt dir natürlich auch, ob es überhaupt die Art von Tier ist, der du gerne begegnen möchtest!

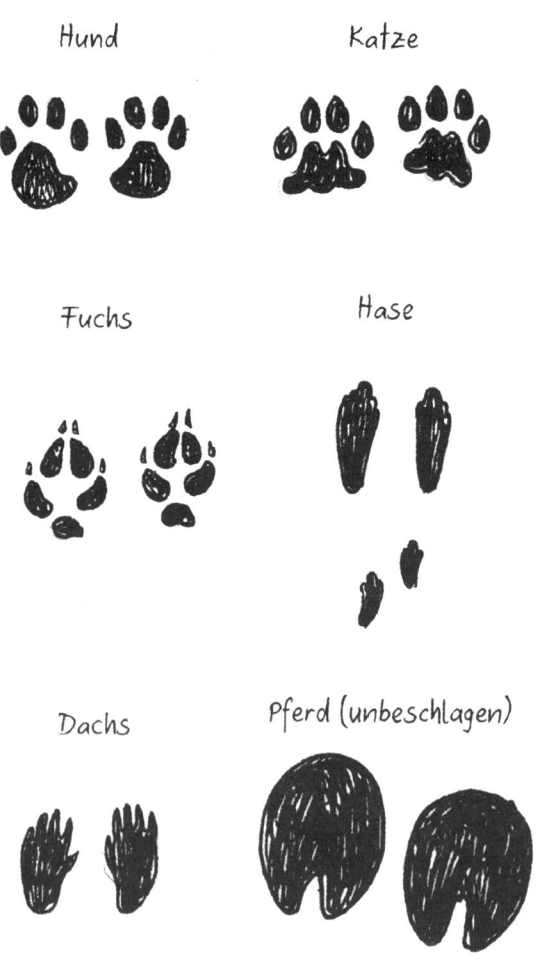

Hund

Katze

Fuchs

Hase

Dachs

Pferd (unbeschlagen)

Reh

Bär

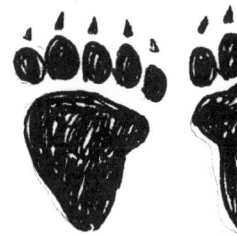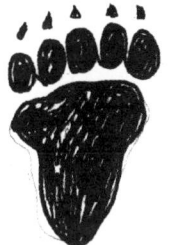

Löwe

Kamel

Tiger

Elefant

Mensch (barfuß)

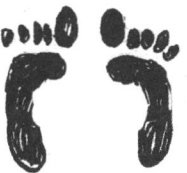

Mensch (Pirat)

Feldsignale

In der Wildnis zu kommunizieren, funktioniert nicht auf Knopfdruck wie auf deinem Mobiltelefon. Schon seit Generationen hinterlassen sich erfahrene Abenteurer und Entdecker, aber auch Förster Signale und Nachrichten, wenn sie außer Hörweite sind oder sogar viele Kilometer voneinander entfernt.

Eine geheime Fährte hinterlassen zu können und zu wissen, wie man einer solchen folgt, kann zum Beispiel sehr praktisch sein, wenn du von deiner Gruppe getrennt wirst. Wenn du dich in einer Region befindest, in der dein Mobiltelefon keinen Empfang hat, kannst du trotzdem wichtige Hinweise auf deinem Weg hinterlassen.

Hier sind einige der bekanntesten allgemeingültigen Hinweise. Es kann aber auch viel Spaß machen, sich zusammen mit seinen Freunden eigene Zeichen auszudenken und sie beim Spielen im Park einzuüben!

Stöcke nach links geknickt

Nach links abbiegen

Stöcke nach rechts geknickt

Nach rechts abbiegen

Stöcke über Kreuz

Hier nicht weitergehen.

Stöcke in einem Dreieck

Vorsichtig weitergehen – es droht Gefahr!

Wie man Rauchsignale erzeugt

Früher benutzten die amerikanischen Indianer Rauchsignale, um über weite Entfernungen, über die man sich
nicht mehr hören oder sehen konnte, Botschaften zu
übermitteln. Weil Rauch so hoch steigt und aus weiter
Ferne gesehen werden kann, kann ein Rauchsignal wirken
wie eine Nachricht, die man einfach an den Himmel
schreibt!

Es braucht Jahre, bis man gelernt hat, wie man
komplizierte Rauchsignale erzeugt. Die Grundidee
dahinter aber ist sehr einfach.

1. Mach ein Feuer. Damit sich mehr Rauch entwickelt, legst
du viel grünes Holz, Moos und Blätter darauf. Lass die
Flammen nicht zu hoch brennen.

2. Mach eine Decke feucht.

3. Wenn du bereit bist,
deine Nachricht zu
verschicken, wirf
vorsichtig die Decke
aufs Feuer und warte,
bis es aufhört zu
qualmen.

4. Zieh dann die Decke schnell, aber wieder sehr vorsichtig, vom Feuer und leg sie gleich wieder darauf. Dadurch „sendest" du eine Rauchwolke in den Himmel, die deine Mitabenteurer oder Stammesgenossen in ihrer Bedeutung verstehen werden, egal welchen Code ihr benutzt (siehe unten einige Ideen für die Codierung).

5. Das kannst du ein paar Mal machen, um Nachrichten mit zwei, drei oder sogar vier Rauchwolken zu verschicken. Bei mehr als vier Rauchwolken könnte die Decke zu sehr austrocknen ... und du willst ja nicht, dass das Ding, mit dem du deine Nachrichten schickst, plötzlich in Flammen aufgeht!

Beispiel für einen Signalcode

- Eine Wolke:
  Mir geht's gut!
- Zwei Wolken:
  Bleib, wo du bist!
- Drei Wolken:
  Komm zu mir!
- Vier Wolken:
  Notfall! Ich brauche Hilfe!

Semaphor-Flaggensignale

Semaphor ist ein Zeichensystem, das im 19. Jahrhundert in der Seefahrt entwickelt wurde. Man benutzt dafür zwei Flaggen. Es ist sehr gut für Situationen geeignet, in denen man wichtige Nachrichten übermitteln muss und sich trotz eines weiten Abstands sehen, aber nicht hören kann.

Wenn du keine Flaggen hast, kannst du dir selbst welche machen. Binde einfach ein Reserve-T-Shirt mit den Ärmeln an einen Stock oder abgebrochenen Ast. Steckst du richtig in der Klemme, tun es auch einige gut belaubte Zweige.

Hier siehst du, wie du die Fahnen für den jeweiligen Buchstaben des Alphabets halten musst.

Fehler   Fertig   A   B

C   D   E   F

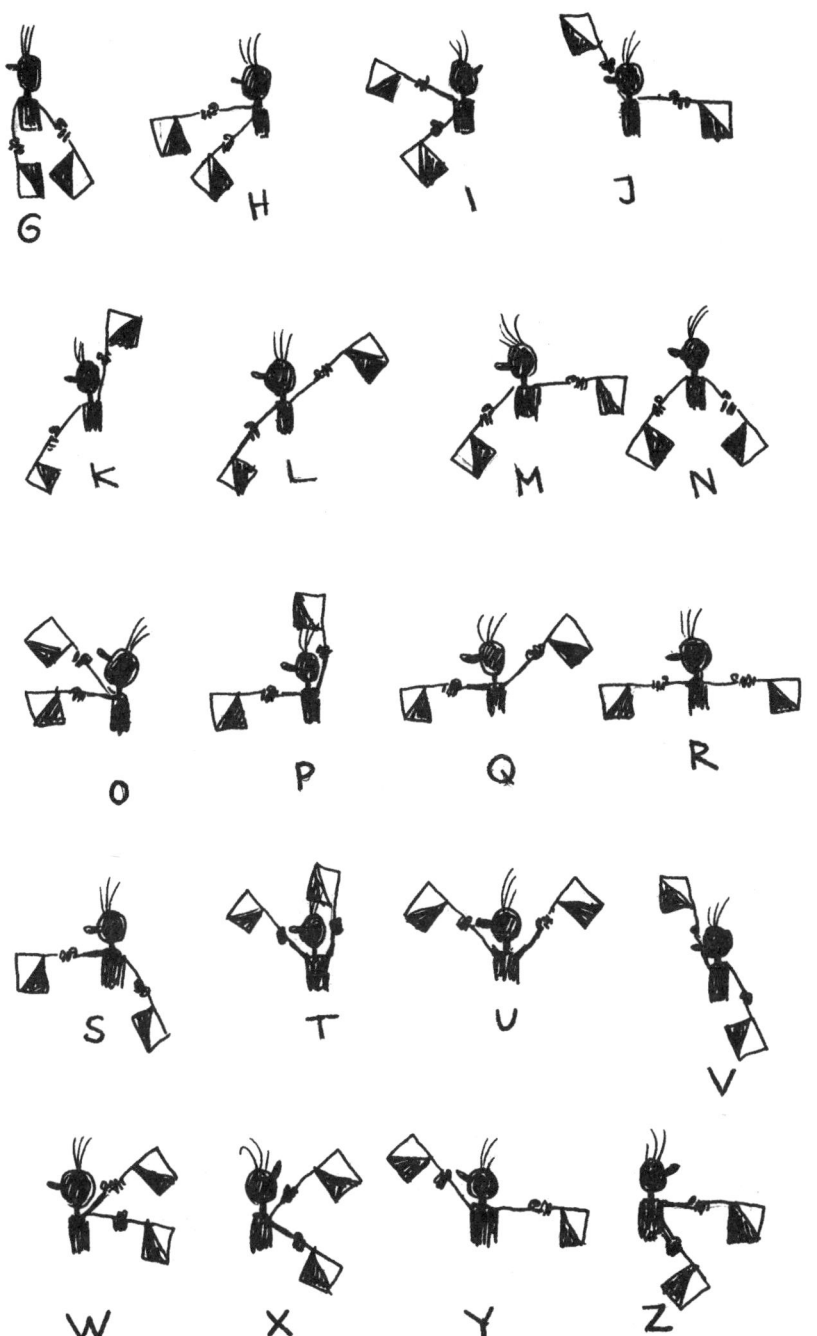

77

Signale für Hilfe aus der Luft

In einer Notsituation, zum Beispiel, wenn du dich verlaufen hast oder wenn jemand aus deiner Gruppe verletzt ist und Hilfe braucht, kann es sein, dass du ein Signal brauchst, das die Aufmerksamkeit von Helfern in der Luft auf dich lenkt. Am besten machst du in diesem Fall ein Feuer und achtest darauf, dass es nicht ausgeht – den Rauch eines Feuers kann man kilometerweit sehen.

SURVIVAL-TIPP!

Damit das Feuer so intensiv wie möglich raucht, kannst du neben Holz auch Blätter draufstreuen – und wenn es erst mal richtig brennt, funktionieren feuchte Blätter und Moos besonders gut. Du musst nur aufpassen, dass du das Feuer nicht komplett erstickst!

Natürlich kannst du auch Steine, Stöcke und was sonst noch so in deiner Nähe liegt, benutzen, um ein SOS (das allgemeine internationale Zeichen für Notsignale, das für „Save Our Souls" – „Rettet unsere Seelen" – steht) zu signalisieren. Jeder, der das Zeichen sieht, wird sofort wissen, dass du dringend Hilfe brauchst.

Aber denk daran – du darfst **NIEMALS** ein SOS-Signal absetzen, wenn du nicht wirklich in Not bist! Und sorge dafür, dass das Zeichen wieder zerstört wird, wenn deine Rettung kommt!

Die Wildnis gemütlich machen:
Mein Lager, mein Feuer, mein Wasserloch

Jeder kann in der Wildnis leben, man muss nur wissen, wie es geht. Wenn du erst mal gelernt hast, wie man überlebt, dann musst du nur noch wissen, wie man seine natürliche Umwelt am besten für sich nutzt. Der Trick ist, das Ganze nicht als einen Überlebenskampf gegen die Natur zu betrachten, sondern zu lernen, wie man sie am besten für sich einsetzen kann.

Alles, was du für das Leben in der Natur brauchst, liegt direkt vor dir. Ein erfahrener Abenteurer kommt sogar in der ungezähmtesten Wildnis mit der ihn umgebenden Landschaft zurecht. Du musst nur wissen, wie und wo du dein Lager aufschlägst, wie du Feuer machst und frisches Wasser findest.

Dein Zeltplatz

Betrachte deinen Zeltplatz als den einen besonderen kleinen Fleck in der Wildnis, den du für dich erobert hast. Er sollte sauber und sicher sein und dich mit allem versorgen, was du brauchst, solange du dortbleibst. Ein guter Zeltplatz kann so lange dein Zuhause sein, wie du möchtest – ein schlechter Platz macht dir die einfachsten Dinge, wie essen oder schlafen, viel schwerer ...

Einen guten Platz auswählen

Das wichtigste an einem guten Zeltplatz ist, dass er dir Schutz vor dem Wetter bietet. Hier sind einige wichtige Punkte, auf die du achten solltest, wenn du nach einem guten Lagerplatz Ausschau hältst.

 Gut: Such dir einen Ort, der an einem fließenden Gewässer liegt. So kannst du waschen und kochen. Ein kleiner Fluss ist ideal. Ein großer Fluss mit schneller Strömung kann zu gefährlich sein.

Schlecht: Das Lager zu nah am Wasser aufzu-  stellen! Es ist immer besser, sein Lager etwas oberhalb des Wassers aufzuschlagen, denn es könnte blitzartig eine Überschwemmung geben.

 Gut: Nimm dir einen Moment Zeit und stell dir deinen Zeltplatz unter den schlechtesten Bedingungen und bei Gefahr vor – bevor sie wirklich passieren.

Schlecht: Zelten an einem See oder Teich. Stehendes oder gestautes Wasser zieht Mücken  an und ist nie so sauber wie fließendes Gewässe

 Gut: Achte auf Hinweise, die auf die Anwesenheit von Tieren hindeuten. Zerkratzte Bäume, Exkremente und eine ramponierte Vegetation können Zeichen dafür sein, dass der Ort von Bären, Wildkatzen oder anderen gefährlichen Tieren genutzt wird. (Für mehr zu diesem Thema sieh dir auch die Tierspuren auf Seite 70 an).

Schlecht: Büsche und Zweige zertrampeln, abschneiden oder abbrechen, wenn es nicht wirklich nötig ist. Es ist wichtig, dass du deinen Lagerplatz möglichst so wieder verlässt, wie du ihn vorgefunden hast.

Gut: Such nach einem Platz, in dessen Nähe viel abgefallenes altes Holz liegt – es ist ein sehr guter Brennstoff für dein Feuer.

Schlecht: In einer Bodensenke zu kampieren. Gibt es einen Wolkenbruch, wird sich das Wasser in der Mulde sammeln und du wachst in einer Pfütze auf.

Gut: Versuch, eine ebene Fläche zu finden, auf der du dein Zelt aufschlagen kannst. Es wird dort nicht nur sicherer stehen, du wirst nachts auch nicht herausrollen!

Schlecht: Ganz oben auf einem Berg zu campen. Gipfel sind häufiger schlechtem Wetter aus-geliefert – und bei starkem Wind besteht die Gefahr, dass dein Zelt weggeweht wird!

Vorbereitung deines Lagerplatzes

An drei Dinge solltest du denken, wenn du dein Lager aufschlägst: Es sollte gemütlich, zweckmäßig und sicher werden.

Gemütlichkeit

Bevor du dein Zelt aufbaust, sieh dich gründlich um. In welche Richtung sollte es stehen? Willst du abends noch die Sonne genießen? Dann schlag es mit dem Eingang nach Westen auf. Willst du morgens lieber von Sonnenstrahlen geweckt werden, die durch den Zelteingang blitzen, dann sollte der Eingang nach Osten zeigen.

Räum an der Stelle, an der du dein Zelt aufstellen möchtest, alle Steine weg. Du kannst auf dem Boden unter dem Zelt auch eine bequeme „Decke" aus Tannennadeln ausstreuen.

Zweckmäßigkeit

Dein Platz sollte groß genug sein, um darauf alles bequem unterbringen zu können, was du brauchst: einen Schlafbereich, eine Kochstelle am Lagerfeuer, ein Bereich zum Waschen und Abwaschen und einen etwas weiter weg liegenden Ort für die Toilette. Stell dir vor, du würdest ein Haus planen – mit einer Küche, einem Schlafzimmer, einem Wohnbereich, einem Badezimmer und so weiter. Aber bau es nicht zu groß, du willst ja nicht immer unnötig weit laufen müssen!

Sicherheit

Vermutlich hast du schon auf natürliche Gefahren geachtet, als du deinen Zeltplatz ausgesucht hast. Aber du musst auch gut aufpassen, dass du nicht selbst zu einem Problem für dich wirst. Achte zum Beispiel auf einen ausreichend großen Abstand zwischen deinem Feuer und deinem Zelt. Feuer können sich schnell verbreiten und dein Zelt soll sich nicht an umherfliegenden Funken entzünden. (Mehr zum Thema Feuersicherheit findest du auf Seite 103.) Stell auch sicher, dass du keine wilden Tiere oder Insekten anlockst. Zum Thema Hygiene im Lager findest du weiter unten einige nützliche Tipps.

Hygiene im Lager

Gute Hygiene bedeutet mehr, als das Camp nur ordentlich zu halten. Wenn dein Zeltplatz nicht sauber und gut organisiert ist, ist die Gefahr, dass du krank wirst, unwillkommene Tiere anziehst oder wichtige Teile deiner Ausrüstung verlierst, sehr viel größer.

Bleib sauber!

Richte in deinem Lager einen Platz ein, an dem du Töpfe, Pfannen und das Besteck abwaschen kannst, und eine weitere Stelle, an der du dich selbst waschen kannst. Das verhindert, dass du deinen Schmutz auf das saubere Besteck oder die Töpfe überträgst. Fließendes Wasser ist **IMMER** besser als stehendes, und denk daran, grundsätzlich genug Seife zu verwenden. Unparfümierte

Seife ist am besten – denn ein starker Seifengeruch kann neugierige Bären und andere Tiere anlocken. Und wenn die Seife dann auch noch umweltfreundlich ist, umso besser!

Der Toilettenbereich

Leg die Toilette weit weg von der Stelle an, an der du etwas zu essen vorbereitest. Es wäre auch gut, darauf zu achten, dass durch die Toilette keine unangenehmen Gerüche ins Lager wehen.

Wie man eine Campingtoilette baut

1. Grab in ausreichender Entfernung und windabgewandt von deinem Lager ein Loch in den Boden. Es sollte mindestens 60 cm tief sein und etwas schmaler als deine Toilettenschüssel zu Hause.

2. Schichte die ausgegrabene Erde in der Nähe des Lochs zu einem kleinen Hügel auf.

3. Dieses Loch ist jetzt deine Toilette – aber nur für die großen Geschäfte! (Wenn du mal pinkeln musst, kannst du einfach hinter einen Busch gehen!)

4. Nach jedem Toilettengang vergräbst du dein Geschäft und das Toilettenpapier, indem du einfach etwas von der aufgehäuften Erde neben der Toilette darüberschaufelst.

5. Wenn du dich in der Nähe von Nadelbäumen befindest, kannst du mit einer Lage Tannennadeln auch den Geruch überdecken.

6. Bleiben vom Rand aus nur noch etwa 20 cm, bis die Toilette voll ist, schaufle den Rest der Erde hinein und grab dir eine neue.

Halte Ordnung

Räum nach dem Essen so schnell wie möglich dein Geschirr auf und spül es ab – pack alles weg, wenn du es nicht benutzt. Müll und herumliegende Essensreste locken Ameisen und Insekten an ... oder sogar noch größere Tiere! Außerdem erleichtert es das Weiterziehen.

Verlasse den Ort, wie du ihn vorgefunden hast

Es ist sehr wichtig, dass du deinen Lagerplatz so weit wie möglich in dem Zustand hinterlässt, wie du ihn vorgefunden hast. Nimm deinen gesamten Müll wieder mit, lösch das Feuer sorgfältig und räum alles an Holz oder Steinen, was du gesammelt hast, gründlich wieder weg.

SURVIVAL-TIPP

Bewahre dein gesamtes Essen in verschlossenen Dosen in Plastiktüten auf und lass sie windabwärts etwas außerhalb des Lagers von einem Baum herunterhängen. So ist die Gefahr, dass der Geruch hungrige Bären oder andere wilde Tiere ins Lager lockt, sehr viel geringer.

Wie man sich ein Biwak baut

Ein Biwak ist ein Unterschlupf, den man sich aus Dingen baut, die man in der Wildnis findet. Solltest du mal ohne Zelt dastehen und einen Schutz benötigen, kannst du dir aus Zweigen, Blättern und Moos ein richtig gutes Biwak bauen.

1. Als Erstes brauchst du einen langen, geraden Stock, der ungefähr anderthalb Mal so lang ist wie du. Lehn das obere Ende des Stocks an einer Seite in die Gabelung eines Baumstamms und stelle das untere Ende so auf dem Boden ab, dass der Stock schräg steht. Daraus wird das Dach deines Unterschlupfs.

2. Sammle weitere Stöcke in unterschiedlichen Längen und lehn sie so gegen den Hauptdachstock, dass sich daraus eine Art Tunnel aus zwei Dreiecken entwickelt.

3. Webe nun noch so viele kleine Zweige zwischen die aufrecht stehenden Stöcke, wie du kannst. Dein Rahmen sollte so stabil und wetterfest wie möglich werden.

4. Dichte am Schluss alle Zwischenräume mit Moos und Laub ab – und leg dann noch einige schwerere Zweige obenauf.

So baut man sich eine Schneehöhle

Solltest du einmal vom Schnee überrascht werden, kannst du vielleicht nicht wie gewohnt dein Zelt aufschlagen. In solchen Situationen musst du dir einen anderen Unterschlupf bauen – und zwar so schnell wie möglich. Am einfachsten ist es, sich eine Höhle im Schnee zu graben. Darin solltest du die Nacht bis zur Rettung am nächsten Morgen überstehen können!

1. Es ist leichter, einen Tunnel in einen Schneehang zu graben, als senkrecht nach unten. Such dir für deine Schneehöhle einen großen, stabil wirkenden Hang.

2. Grab mit einer Schaufel einen ca. ein Meter langen Tunnel in den Schnee.

3. Wenn dein Tunnel lang genug ist, fang an, ihn von innen her am hinteren Ende langsam zu verbreitern. Kratz dafür einfach immer mehr Schnee im Inneren des Tunnels weg, bis der entstehende Raum groß genug für dich und deine Ausrüstung ist.

4. Lass den Eingang so schmal wie möglich – je weniger kalte Luft hereinkommen kann, umso besser!

5. Achte darauf, dass das Dach möglichst dick wird! Nach der harten Arbeit sollte die ganze Sache ja nicht über dir einstürzen.

6. Bau aus einem Teil des Schnees, den du weggekratzt hast, eine Bank, auf der du sitzen kannst: Das ist wärmer als auf dem Boden.

7. Bring über dem Eingang deiner Höhle gut sichtbar ein paar dicke Stöcke an. So können dich Rettungsteams, die eventuell nach dir suchen, auch finden.

8. Zum Schluss kannst du deinen Rucksack von innen vor den Eingang der Höhle schieben – aber achte darauf, dass noch genug Luft hereinkommt!

EINE WAHRE GESCHICHTE:
Jo Gjende

Vor zweihundert Jahren herrschte in Norwegen noch richtige Wildnis. Es war ein Land, in dem Rentiere, Wölfe und – das besagt die Legende – Riesen und Trolle regierten. Doch im 19. Jahrhundert eroberte ein Mann dieses Land für sich.

Jo Gjende wurde 1794 geboren und seine Eltern starben, als er noch ein Kind war. Er wurde von seiner Tante auf einer Farm großgezogen, arbeitete jeden Tag hart auf dem Feld und wuchs zu einem außergewöhnlich starken Mann heran. Als er gut zwanzig Jahre alt war, verließ er die Farm. Er wollte ein Abenteuer erleben und machte sich deshalb auf in die Berge. Er wollte für den Rest seines Lebens allein in den Wäldern leben und die norwegische Wildnis durchstreifen.

Jo liebte sein einsames Leben in der Wildnis. Im Sommer baute er sich Biwaks aus abgefallenen Zweigen und schlief mit dem Blick zu den Sternen. Im Winter grub er sich Schneehöhlen. Er sorgte immer dafür, dass es in seinen Lagern alles gab, was er brauchte, und nichts, was er nicht benötigte. So konnte er weiterziehen, wann immer er wollte.

Als er etwa vierzig Jahre alt war, ließ er sich doch nieder und baute sich an der Mündung eines Flusses eine Blockhütte. Zu dieser Zeit war er schon recht bekannt: Leute kamen von weither, um ihn kennenzulernen und mehr von ihm über sein Leben in der Wildnis zu erfahren. Nach seinem Tod im Jahr 1884 wurde seine selbstgebaute Blockhütte als Touristenattraktion erhalten. Man kann sie bis heute ganz in der Nähe der Stadt Gjendesheim besichtigen.

So baut man eine Strickleiter

Das Schöne an einer Strickleiter ist, dass du mit ihrer Hilfe Höhen erklettern kann, bei denen das sonst nicht möglich wäre – und wenn du oben bist, ziehst du die Leiter einfach hoch, und niemand kann dir folgen!

Es gibt viele Möglichkeiten, eine Strickleiter herzustellen. Die einfachste Form, die sich am schnellsten auf- und abziehen und am leichtesten wieder verstauen lässt, ist eine Strickleiter aus einem Seil mit Knoten darin.

1. Um eine Knotenstrickleiter herzustellen, brauchst du nur ein sehr langes starkes Seil und einen sehr dicken Stock.

2. Knüpf in regelmäßigen Abständen einen Knoten in das Seil – sie sollten ca. 30 Zentimeter auseinander liegen. An diesen Knoten wirst du später hoch und runter klettern. Du solltest dir dafür also genug Zeit nehmen und sie sehr sorgfältig knüpfen.

3. Binde den Stock an das eine Ende deines Seils und benutz ihn als Wurfgewicht, um es zum Beispiel an dem Baum hochzuwerfen, auf den du klettern möchtest.

4. Hast du so das Seil über eine Astgabel geworfen und der Stock ist zusammen mit dem einen Ende des Seils wieder nach unten gefallen, binde ihn wieder los. Verknote das Seilende zu einer Schlaufe (siehe Knoten Seite 109) und fädle das andere Ende hindurch.

5. Zieh fest an dem Ende des Seils ohne Schlaufe. Du solltest die Schlaufe das Seil „hochklettern" sehen, bis sie oben ankommt und sich zuziehen lässt. Jetzt ist das Seil fest und du kannst du losklettern!

Der Trick beim Hochklettern einer Knotenstrickleiter ist, sehr langsam zu beginnen, bis man sich daran gewöhnt hat! Halte die Knie gebeugt. Beide Füße bleiben auf dem untersten Knoten. Dann greifst du mit beiden Händen nacheinander über den Knoten oberhalb deines Kopfes und ziehst deinen ganzen Körper nach oben, bis du beide Füße zusammen auf dem nächsten Knoten abgestellt hast. So kletterst du Knoten für Knoten bis ganz nach oben. Denk dabei vor allem immer daran, beide Füße gegeneinander auf denselben Knoten zu stellen und auf dem ganzen Weg nach oben deine Beine leicht gebeugt zu lassen!

SURVIVAL-TIPP!

Es ist ganz wichtig, darauf zu achten, dass das, woran du hochkletterst, dein Gewicht auch tragen kann!

Baumhäuser

Baumhäuser sind großartig – aber man muss hier unbedingt an seine Sicherheit denken. Der Weg nach unten kann sehr lang sein!
Die Sorte Baumhaus zu bauen, in der man auch schlafen kann, sollte man besser Experten überlassen. Man kann aber auch mithilfe seiner Strickleiter Bäume als Verstecke, Ausgucke oder einfach als Rückzugsorte nutzen, wenn man sich gerne mal für ein Weilchen von allem zurückziehen möchte.

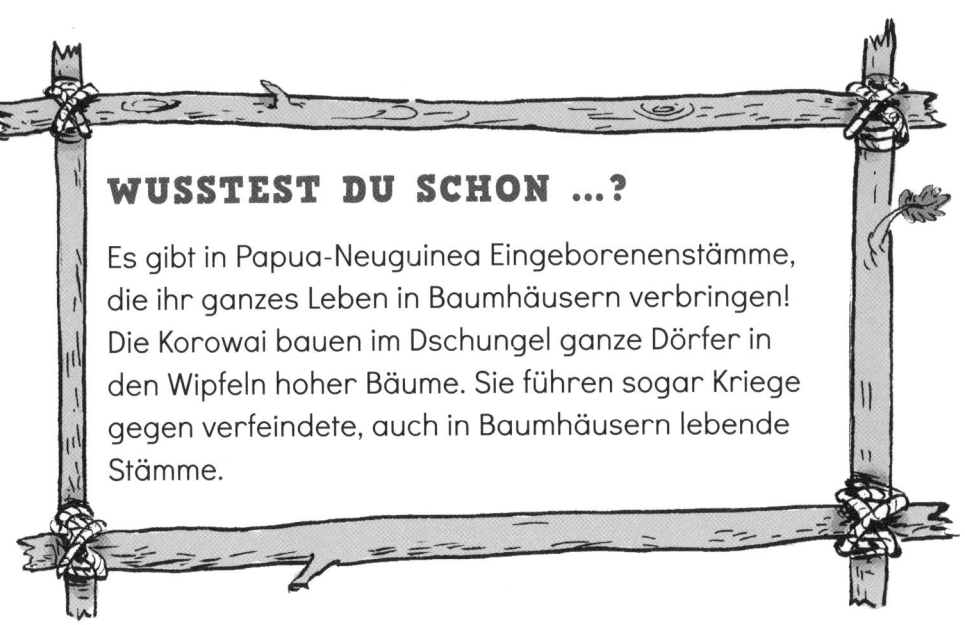

WUSSTEST DU SCHON ...?

Es gibt in Papua-Neuguinea Eingeborenenstämme, die ihr ganzes Leben in Baumhäusern verbringen! Die Korowai bauen im Dschungel ganze Dörfer in den Wipfeln hoher Bäume. Sie führen sogar Kriege gegen verfeindete, auch in Baumhäusern lebende Stämme.

Feuer

Eine gute Feuerstelle kann in der Wildnis zu deinem allerbesten Freund werden. Sie wärmt dich, schenkt dir Licht, Sicherheit vor wilden Tieren, und du kannst darauf dein Essen zubereiten oder dein Trinkwasser abkochen. Und wenn du abends deinen Freunden wilde Abenteuergeschichten erzählen willst, dann geht das an keinem Ort besser als an einem Lagerfeuer. Wenn es sehr, sehr kalt ist, kann das Wissen, wie man ein Feuer macht, über Leben und Tod entscheiden.

Die besten Orte für eine Feuerstelle

- Die Feuerstelle sollte immer in der Mitte deines Lagers liegen. Sie ist Küche und Wohnzimmer zugleich.
- Rund um die Feuerstelle solltest du im Umkreis von etwa zwei Metern den Boden so weit wie möglich von Stöcken, Zweigen, Tannenzapfen und allen anderen brennbaren Dingen befreien. Achte auf tiefhängende Zweige, die Feuer fangen könnten!
- Heb um die Feuerstelle einen Graben aus oder baue einen Erdwall darum, damit sich die Flammen nicht ungewollt ausbreiten.
- Ist der Boden feucht oder verschneit, kannst du dein Feuer auf einem Haufen aus frischen Holzscheiten machen. So schützt du dein Anmachholz vor der Feuchtigkeit.

► SURVIVAL-TIPP!

Sorg dafür, dass deine Streichhölzer trocken bleiben – bewahre sie am besten in einer Blechdose auf und verwende sie so sparsam wie möglich. Sollten sie doch mal nass werden oder ausgehen, weiß ein Wildnisexperte trotzdem, wie man ein Feuer entfacht.

Achtung!

Denk daran, ein Feuer kann dir in der Wildnis das Leben retten, es kann aber auch sehr gefährlich werden. Wähl deine Feuerstelle genau aus! Unter Umständen musst du dir vom Besitzer des Landes eine Genehmigung geben lassen, dass du dort Feuer machen darfst. Natürlich solltest du dir auch der Gefahren bewusst sein, wenn es außer Kontrolle gerät. Feuer kann sich schneller verbreiten, als ein Mensch laufen kann, und verheerende Schäden anrichten.

Wie man ein Feuer macht

Fang klein an und bau dein Feuer langsam in drei Stufen auf: Anzünder, Anmachholz und Hauptbrennmaterial.

1. Anzünder: Damit entfachst du das Feuer. Das Material für den Anzünder muss sehr fein und sehr trocken sein und leicht Feuer fangen. Zusammengeknülltes Papier, Baumrinde, trockenes braunes Gras und getrocknetes Moos sind als Anzünder gut geeignet. Leg sie dahin, wo später die Mitte deines Feuers sein wird. Wenn sie einmal Feuer gefangen haben, kannst du zu Schritt 2 übergehen.

2. Anmachholz: Wenn das Feuer erst mal brennt, kannst du ganz langsam, damit du die Flammen nicht erstickst, kleine Zweige, getrocknete Rindenstückchen und Blätter dazugeben.

3. Hauptbrennmaterial: Während das Feuer stärker wird, leg Brennmaterial nach. Je größer die Flammen, umso größer können die Stöcke werden. Wirf das Holz nicht einfach obendrauf, sondern schichte es auf wie eine Pyramide. Lehnen die dicksten Scheite außen an der Pyramide, fallen sie nach und nach von selbst ins Feuer.

Feuer ohne Streichhölzer machen

Natürlich hast du in deiner Grundausstattung eine Schachtel Streichhölzer. Aber was machst du, wenn du sie verlierst? Oder wenn sie feucht werden? Keine Sorge, auch wenn es mit Streichhölzern am einfachsten ist, eine Flamme zu erzeugen, kann man auch ohne sie ein Feuer anzünden – mit ein paar Tricks und Techniken erfahrener Abenteurer.

Mit einer Lupe

Du kannst ein Feuer auch mit einer Lupe und der Energie der Sonnenstrahlen entzünden. Man braucht etwas Geduld, aber mit ein bisschen Übung kannst du richtig gut darin werden!

1. Halte die Lupe gezielt so, dass das Sonnenlicht auf einen kleinen Punkt auf deinem Anzünder konzentriert wird.

2. Durch die Sonnenstrahlen wird dieser Punkt immer heißer, und schon recht schnell solltest du einen kleinen Rauchfaden sehen können!

3. In diesem Moment fügst du vorsichtig etwas mehr von dem Anzünder hinzu. Dabei pustest du vorsichtig, um das Feuer in Gang zu bringen.

4. Wenn du keine Lupe hast, funktioniert es auch mit einem Spiegel oder mit einer Brille.

Mit einem Feuerstein

Feuersteine bestehen aus einer Gesteinsart, die Funken sprüht, wenn sie mit einem anderen Feuerstein zusammengestoßen wird. Man findet sie in Camping-geschäften, aber du kannst auch im nächsten Gartenmarkt fragen, ob sie welche haben.

Feuersteine kann man auch in der Wildnis finden: Sieh dich nach abgebrochenen, schieferartigen Felsstücken mit heller, weißlicher Außenseite und einer grau-schwarz glänzenden Innenseite um. Um festzustellen, ob es tatsächlich Feuerstein ist, schlag einfach zwei von ihnen gegeneinander – wenn es funkt, hast du die richtigen Steine gefunden!

1. Reibe zwei Feuersteine sehr schnell gegeneinander, um Funken zu erzeugen. Du kannst auch versuchen, sie an Metall zu reiben. Eben an allem, was Funken sprüht!

2. Lass mit viel Geduld die Funken sprühen und versuche, sie auf deinen trockenen Anzünder zu lenken.

3. Es kann ein Weilchen dauern, aber wenn du weitermachst, sollten sich genug Funken bilden, um eine Flamme auf deinem Anzünder zu erzeugen, sodass du mehr Anmachholz hinzufügen und ein richtiges Feuer anmachen kannst.

Die Sicherheit beim Feuer

Wie wir ja schon festgestellt haben, kann das Feuer zu deinem wichtigsten Begleiter in der Wildnis werden. Es gibt dir Wärme, Sicherheit, Bequemlichkeit und eine Möglichkeit, deine Würstchen aufzuwärmen ... aber es kann auch zu deinem gefährlichsten Feind werden. Ein Feuer braucht nur einen einzigen Moment, um außer Kontrolle zu geraten – und die Konsequenzen können verheerend sein.

Sei daher immer **SEHR** vorsichtig, wenn du mit Feuer hantierst. Hier sind einige Sicherheitsregeln, die sogar die erfahrensten Abenteurer beherzigen.

- Lass dir vom Besitzer des Landes, auf dem du dich bewegst, immer eine Erlaubnis zum Feuermachen geben – und sag auf jeden Fall deinen Eltern Bescheid.

- Achte immer auf Warnhinweise. In vielen Nationalparks und Wäldern ist nach einer längeren Trockenphase kein Feuer erlaubt.

- Sorge dafür, dass in der direkten Umgebung deines Feuers nichts herumliegt, das Feuer fangen oder auf das ein Funke überspringen könnte. Damit sind auch tiefer hängende Zweige gemeint. Dein Zelt und dein Rucksack sollten immer weit genug von den Flammen entfernt stehen.

- Feuer können sehr schnell außer Kontrolle geraten. Das Allerwichtigste ist, auf die Sicherheit zu achten!

- Du solltest für alle Fälle immer entweder Wasser oder einen ausreichend großen Berg Sand oder Erde in der Nähe bereithalten.

- Lass das Feuer nicht zu groß werden. Auch wenn es verführerisch sein kann, ein großes Feuer anzuzünden, kann dieses auch sehr viel schneller gefährlich werden. Und beim Kochen ist ein Rieseninferno keine große Hilfe.

- Bevor du weiterziehst, musst du unbedingt sichergehen, dass dein Feuer ganz verloschen ist. Gieß Wasser auf die Flammen, bedecke die heißen Äste mit Sand und trample die Glut aus. Lass ein Feuer niemals brennen oder weiterglühen!

Wasser

Wasser ist das kostbarste Gut der Welt. Selbst unter den besten Umständen können Menschen ohne Wasser höchstens ein paar Tage überleben – und bei heißem, trockenem Wetter führen schon ein paar Stunden ohne genug Flüssigkeit zu Austrocknung, Ohnmachtsanfällen und ernsten Erkrankungen.

Sorge immer dafür, dass du viel frisches Wasser dabeihast, und rechne damit, dass es passieren kann, dass du in der Wildnis sauberes Wasser suchen musst. Hier erfährst du, wie das geht.

Wie man frisches Trinkwasser findet und gewinnt

Wenn du nicht gerade in der Wüste oder am Meer strandest, besteht eine gute Chance, dass es irgendwo in der Nähe frisches Wasser gibt. Alle Pflanzen und Tiere brauchen Wasser zum Überleben – du musst also nur herausfinden, woher sie es bekommen!

Schau dich sorgfältig um und setze dabei deine Sinne ein.

- Hörst du das Plätschern eines Baches?
- Tiere wissen immer, wo die nächste Wasserquelle ist – gibt es vielleicht verräterische Spuren? Siehe auch Seite 70 für mehr zum Thema Tierspuren.
- Bist du von saftig grünen Pflanzen umgeben? Das könnte ebenfalls ein Hinweis auf eine nahe Wasserquelle sein.

Alle Flüsse und Bäche haben einen „Ursprung", meistens in den Bergen, also eine Quelle, der sie entspringen. Generell kann man sagen: Je näher man der Quelle kommt, umso frischer und sauberer ist das Wasser. Versuche, stehende Gewässer wie Seen und Teiche als Trinkwasserquellen zu meiden. Such lieber nach schnell fließenden Bächen, denn durch die Bewegung entsteht Sauerstoff, der das Wasser reinigt.

▶ SURVIVAL-TIPP!

Man kann auch Wasser aus geschmolzenem Schnee oder Eis trinken. Beides sollte aber gereinigt werden – siehe Seite 18 – und nicht gefroren gegessen werden. Denn: Eis senkt die Körpertemperatur ab und kann dich sogar noch mehr dehydrieren!

So baut man einen Destillator

Man kann im Notfall mit einem sogenannten „Destillator"
eine kleine Wasserration erzeugen. Das funktioniert,
indem man natürlich kondensierendes Wasser oder
kleine Wassertröpfchen aus der Luft sammelt.
Aber Achtung: Es dauert sehr lange, auch nur ein paar
Schlückchen zu sammeln!

1. Destillatoren funktionieren am besten bei warmem
Wetter – und sogar in der Wüste!

2. Grab ein Loch in den Boden und stell einen Topf hinein.

3. Spann ein Stück Plastikplane oder -folie über das Loch
und beschwere es an den Seiten mit Steinen.

4. Dann leg einen anderen großen Stein in die Mitte der
Folie, sodass sich über dem Topf eine Mulde bildet.

5. Während die Sonne die Luft erwärmt, bilden sich an der
Unterseite deiner Plastikfolie kleine Wassertropfen und
fallen in den Topf.

Das Wasser aus deinem Destillator ist sauber und du
kannst es sofort trinken, denn das Filtern durch die Folie
reinigt es.

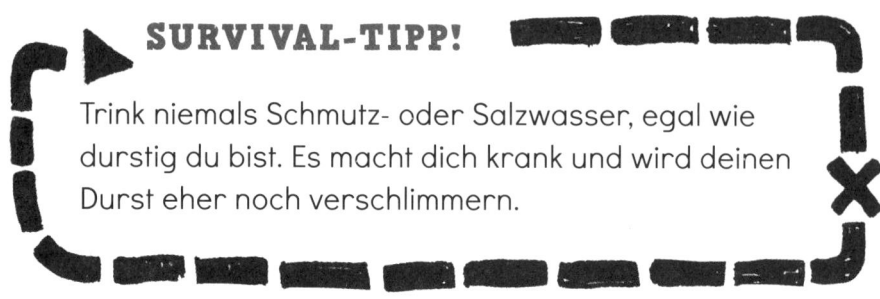

Wie man Wasser reinigt

Grundsätzlich musst du davon ausgehen, dass Wasser aus der Natur schmutzig ist. Das Wasser, das zu Hause aus deinem Wasserhahn kommt, hat eine Menge Reinigungs- und Klärprozesse hinter sich, um alle natürlichen Keime und Bakterien, die in „wildem" Wasser noch enthalten sind, herauszufiltern.

Bevor du irgendetwas von dem Wasser trinkst, das du gesammelt hast, MUSST du es reinigen! Wasserreinigungstabletten kann man in den meisten Campinggeschäften kaufen, aber man sollte sie nicht zu häufig benutzen – außerdem schmecken sie ganz fürchterlich!

Man reinigt und desinfiziert Wasser am besten, indem man es abkocht.

1. Um größere Dreck- und Schlammmengen zu entfernen, wird im ersten Schritt das Wasser durch ein T-Shirt gesiebt.

2. Mach ein sehr heißes Feuer, gieß das gefilterte Wasser in einen Topf mit Henkel und bring es zum Kochen.

3. Es sollte mindestens 10 Minuten lang kochen und blubbern, bevor du es abkühlen lässt.

4. Wenn es wieder kalt ist, kannst du es trinken. Und Prost!

Knoten – eine schnelle und leichte Anleitung für zwei lebenswichtige Knoten

Seile oder Schnüre sind in der Wildnis unverzichtbar – und besonders im Camp sehr hilfreich, egal ob man einen Unterschlupf bauen möchte oder einfach nur eine Wäscheleine für seine nassen Sachen braucht! Glücklicherweise gibt es für jede Situation, die man sich vorstellen kann auch den richtigen Knoten. Ein langjährig erfahrener Abenteurer kann mit geschlossenen Augen etwa 20 gute und sehr haltbare Knoten knüpfen.

... für den Anfang sollte aber jeder, der auf eine Expedition gehen möchte, diese beiden Basisknoten knüpfen können.

Mastwurf

Ein einfacher Knoten, mit dem man gut ein Seil an einem Pfosten befestigen kann.

1. Leg das lose Ende des Seils um den Pfosten und führ es unter das lange Ende, sodass sich ein Kreuz bildet.

2. Mit dem losen Ende legst du eine zweite Schlaufe in der gleichen Richtung.

3. Fädle das freie Ende durch die zweite Schlaufe.

4. Zieh den Knoten fest zusammen.

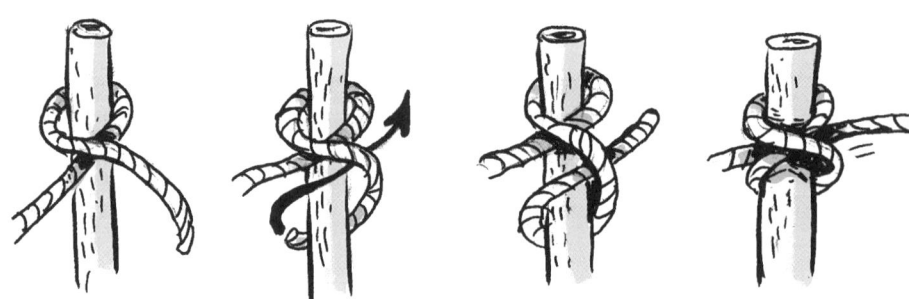

Slipknoten

Diesen Knoten benutzt man, um einen Faden oder ein Seil an einem Haken oder Ring zu befestigen – er ist besonders beim Fischen sehr nützlich.

1. Zieh das Seil durch einen Ring. Mach mit dem Seil eine Schlaufe, sodass beide Enden parallel liegen.

2. Form mit dem freien Ende eine weitere Schlaufe.

3. Führ die zweite durch die erste Schlaufe.

4. Zieh die erste Schlaufe fest zusammen und zieh den Knoten fest über die Öse.

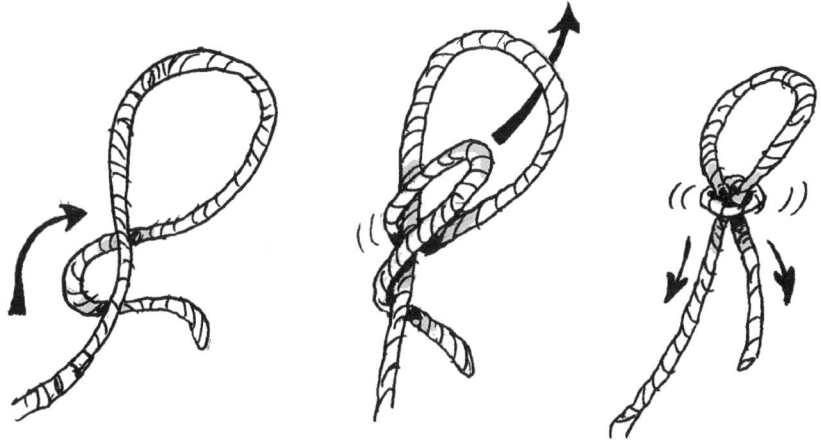

Katastrophen klären:
Schiffbruch, Lawinen & Co.

Auch wenn es Spaß macht, die Wildnis in der Nähe deines Hauses zu erkunden, kommt für jeden echten Abenteurer irgendwann die Zeit, in der er sich auch unter den härtesten Bedingungen, die die Welt ihm zu bieten hat, beweisen möchte!

Unterschiedliche Umgebungen stellen einen Abenteurer vor unterschiedliche Herausforderungen. Begibst du dich in die Wüste, musst du andere Dinge wissen als bei einer Tour durch die Antarktis. Auf den folgenden Seiten findest du einige Tipps und Tricks, wie man auch unter den extremsten Bedingungen gesund und fit bleibt …

Kälte

Eiseskälte kann genauso gefährlich sein wie sehr heißes Wetter. Wenn dein Körper stark abkühlt, beginnt er irgendwann, bestimmte Funktionen „abzuschalten" – so wie ein Computerprozessor, der einige Programme herunterfährt, um weiterlaufen zu können. Irgendwann ist der Akku aber trotzdem vollständig leer. Im Fall deines Körpers bedeutet das nichts Gutes! Man nennt es „Unterkühlung", und die kann tödlich sein.

Genauso gefährlich sind Erfrierungen. Bei starker Kälte gefrieren unbedeckte Teile deines Körpers. Sie werden schwarz und die Zellen sterben ab. Viele unvorsichtige und selbst einige erfahrene Abenteurer haben schon Finger, Zehen oder sogar ihre Nasenspitzen durch Erfrierungen verloren!

Gut: Pack dich warm ein! Zieht man viele Sachen übereinander an, wird zwischen den einzelnen Kleiderschichten die Wärme gespeichert. Zieh also so viel wie möglich an. Wickel dir einen Schal ums Gesicht und lass deine Mütze immer auf.

Schlecht: Es zu übertreiben. Schweiß erscheint dir in der Kälte vielleicht erst einmal positiv, aber auch Schweiß kann gefrieren – so als würde man dir mit Eiswasser ins Gesicht spritzen.

Gut: In Bewegung bleiben. Schlenker mit den Armen, stampf mit den Füßen, puste die Backen auf und schneide Grimassen. Dein Blut ist warm, und so sorgst du am besten dafür, dass es in alle Teile deines Körpers fließt.

Schlecht: Auf kaltem, nassem Boden sitzen. Wenn du nichts findest, was du wie einen Hocker benutzen kannst, dann setz dich auf Blätter, Zweige oder eine Plastiktüte.

Gut: Entzünde lieber mehrere kleine Feuer als ein großes. Die Wärme aller kleinen Feuer zusammen ist größer als bei nur einem Feuer. Nutze die Wärme, um dein Essen und Trinken zu erhitzen und um dich daran zu wärmen.

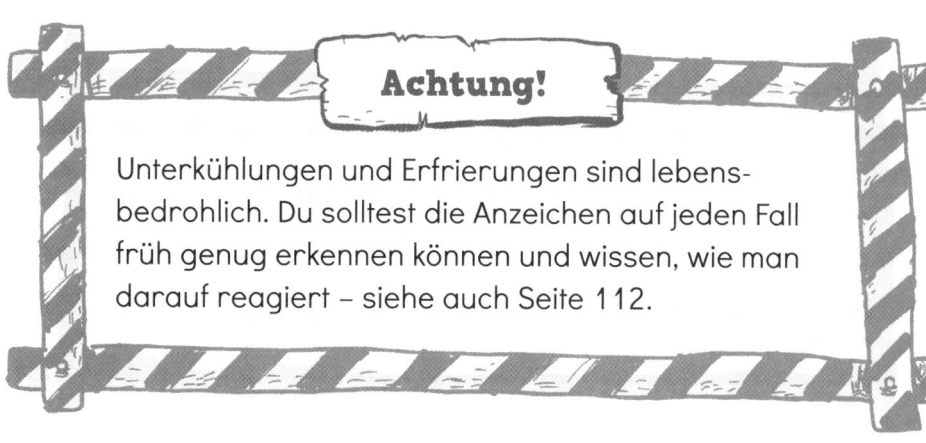

Achtung!

Unterkühlungen und Erfrierungen sind lebensbedrohlich. Du solltest die Anzeichen auf jeden Fall früh genug erkennen können und wissen, wie man darauf reagiert – siehe auch Seite 112.

SURVIVAL-TIPP!

Wenn es friert, ist das Schlimmste, was dir passieren kann, nass zu werden. Denn Wasser und Feuchtigkeit frieren dann direkt auf deiner Haut zu einer Eisschicht. Wenn du nass wirst, solltest du daher immer schnell trockene Sachen anziehen!

EINE WAHRE GESCHICHTE:
Scott aus der Antarktis

Robert Falcon Scott war ein britischer Entdecker. Er versuchte, mit seiner Expedition als erster Mensch überhaupt den Südpol zu erreichen.

Im Juni 1910 legte Scotts Schiff, die Terra Nova, in Wales ab. Es war beladen mit allerlei Ausrüstung, darunter Schlitten, Ponys und Hunde. Im Oktober kam Scott zusammen mit seinem Expeditionsteam voller Erwartungen in der Antarktis an. Doch schon bald gerieten sie in ernste Schwierigkeiten. Das Wetter schlug um. Die Schlitten, Ponys und Hunde waren dem nicht gewachsen. So konnten am Ende nur noch fünf unermüdliche Männer ihren Weg fortsetzen: Scott, Edward Wilson, Henry Bowers, Lawrence Oates und Edgar Evans. Es dauerte über ein Jahr, bis sie im Januar 1912 schließlich doch noch den Südpol erreichten. Dort mussten sie allerdings feststellen, dass sie von einer besser vorbereiteten und optimaler ausgestatteten norwegischen Expedition geschlagen worden waren.

Niedergeschlagen und erschöpft hatten sie jetzt auch noch den schrecklichen Heimweg vor sich: 1.500 Kilometer durch das schlimmste Gebiet der Welt. Sie schafften es nicht. Evans starb im Februar. Einen Monat später sagte Oates, von Erfrierungen verkrüppelt, zu seinen

Freunden: „Ich mache eine kurze Pause. Es kann einen Moment dauern." Er wurde nie wieder gesehen. Er opferte sich, um seine Freunde auf ihrem schweren Weg nicht zu behindern.

Am 29. März 1912 starben schließlich auch Scott und seine letzten beiden Begleiter in ihrem Zelt an Erfrierungen, Unterkühlung und Hunger. Sie waren nur 20 Kilometer von einem Versorgungslager entfernt. Noch heute sind sie dort begraben, unter einem einfachen Denkmal aus Schnee und Eis.

Hitze

Wird dir zu heiß, versucht dein Körper, sich durch Schwitzen abzukühlen. Das bedeutet, dass du sehr viel schneller lebenswichtige Flüssigkeit verlierst als normalerweise. Du musst viel mehr Wasser trinken, um sie zu ersetzen. Verlierst du zu viel Flüssigkeit, dehydrierst du – du trocknest aus –, was mit einem Hitzschlag und Überhitzung enden kann.

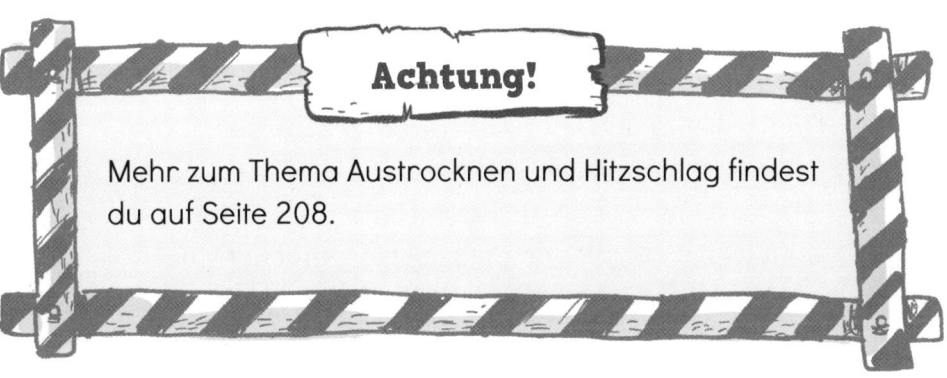

Achtung!

Mehr zum Thema Austrocknen und Hitzschlag findest du auf Seite 208.

 Gut: Sehr viel Wasser trinken. Viele kleine Schlucke sind besser als wenige große.

Schlecht: Zur heißesten Zeit des Tages laufen (um die Mittagszeit und am frühen Nachmittag).

 Gut: Helle und locker sitzende Kleidung tragen – sie reflektiert die Hitze.

Schlecht: Enge, dunkle Kleidung tragen – sie zieht die Hitze an.

 Gut: Iss wenig, aber oft.

Schlecht: Eine große Mahlzeit – Verdauung verbraucht eine Menge Körperflüssigkeit!

 Gut: Kühl dich ab, indem du mit einem feuchten Taschentuch über dein Gesicht und deinen Nacken wischst.

▶ SURVIVAL-TIPP!

Ein Sonnenbrand kann sehr schmerzhaft sein. Du solltest also, auch wenn dir sehr heiß ist, dem Verlangen widerstehen, deine Sachen auszuziehen. Die Haut weiter der Sonne auszusetzen, macht es nur noch schlimmer. Halte deinen Kopf, den Nacken und die Schultern bedeckt und reib dich mit einer Sonnencreme ein, die einen hohen Lichtschutzfaktor hat.

Auf See

Die Meere zu erforschen, bringt seine eigenen, einzigartigen Herausforderungen mit sich. Es war schon immer ein großes Abenteuer, die Segel zu setzen und neue Länder zu entdecken – doch auf hoher See erwarten dich auch besondere Gefahren ...

 Gut: Nimm viel frisches Trinkwasser und Essen mit. Auch wenn du vielleicht Fische fangen kannst, musst du zunächst davon ausgehen, dass du mit dem überleben musst, was du bei dir hast.

Schlecht: Meerwasser trinken. Es ist salzig und macht krank.

 Gut: Sammle Regenwasser, das du im Notfall trinken kannst.

Schlecht: Essen und trinken, wann immer man hungrig oder durstig ist. Teil dir deine Vorräte ein, damit sie länger halten.

 Gut: Führ genauestens Buch über deine Position. Nutze dabei die Sonne am Tag und den Polarstern in der Nacht als deinen natürlichen Kompass (siehe Seite 54).

Schlecht: Risiken eingehen. Über Bord zu fallen, kann schlimme Folgen haben.

 Gut: Trag immer deine Schwimmweste!

Schlecht: Zank und Streit mit seinen Begleitern. Das Leben auf See funktioniert nur, wenn man fest zusammenhält!

Wie man einen Schiffbruch überlebt

1. Versuch, so viel lange Kleidung wie möglich anzuziehen. Sogar in tropischen Gewässern kann es auf See sehr kalt werden.

2. Aktiviere deine Schwimmweste, sobald du im Wasser bist. Sie hält dich über Wasser und hilft dir, Kraft zu sparen.

3. Wenn es Rettungsboote gibt, begib dich ruhig und vorsichtig zu ihnen hin und warte, bis du an der Reihe bist.

4. Lass dich nicht dazu verführen, auf der Jagd nach einem Rettungsboot ins Meer zu springen. Du könntest von der Strömung erfasst werden.

5. Wenn es keine Rettungsboote gibt, such nach einem schwimmenden Wrackteil, mit dem du dich über Wasser halten kannst.

6. Versuch, dich so weit wie möglich vom sinkenden Schiff zu entfernen. Wenn es schließlich untergeht, könnte sein Sog dich sonst mit in die Tiefe ziehen.

Höhenlagen

Um in den Bergen zu überleben, sollte man Energie sparen und sich der möglichen Gefahren jederzeit bewusst sein.

 Gut: Trag viele verschiedene Schichten von Kleidern: Je höher du kommst, umso kälter wird es. Die Kleiderschichten speichern die Wärme in den Zwischenräumen.

Schlecht: Knausern, wenn es um gute Berg-wanderkleidung geht. Du solltest dir die beste Jacke und die besten Stiefel kaufen, die du dir leisten kannst.

 Gut: Achte darauf, dass du regelmäßig Schokolade und Pfefferminzriegel isst, um so dein Energielevel hochzuhalten.

Schlecht: Rennen, springen oder unnötig herumschreien. Die Luft enthält in der Höhe viel weniger Sauerstoff – was bedeutet, dass man viel schlechter atmen kann und viel leichter ermüdet.

 Gut: Man sollte immer in der Gruppe zusammenbleiben und niemanden aus den Augen verlieren.

Schlecht: Alleine losziehen. In den Bergen gibt es viele verborgene Gefahren!

 Gut: Geh vorsichtig, sei immer auf der Hut vor Gefahren wie zum Beispiel Felsstürzen, Steinschlägen, Lawinen und tiefen Felsspalten.

Schlecht: Wetterberichte zu ignorieren. Die Berge sind dem Wetter besonders stark ausgeliefert und sogar kleine Wetterveränderungen können dort gefährliche Folgen haben.

SURVIVAL-TIPP!

Die Höhenkrankheit

Eine der größten Gefahren beim Bergsteigen ist die Höhenkrankheit. Je höher wir kommen, umso mehr nimmt die Menge an Sauerstoff, die wir einatmen, ab. Das macht es unseren Muskeln, Organen und dem Gehirn schwer, richtig zu arbeiten. Die Folgen der Höhenkrankheit können sehr ernst sein, wenn man sie nicht behandelt – mehr darüber erfährst du auf Seite 210.

Wie man eine Lawine überlebt

Lawinen entstehen, wenn der Schnee auf einem Berg zu schwer geworden ist und anfängt, nach unten abzurutschen. Während sich die Lawinen dann abwärts bewegen, nehmen sie an Fahrt auf, bis sie zu einer massiven Wand aus Schnee geworden sind. Dabei reißen sie alles und jeden mit sich.

Wie man eine Lawine vermeidet

Man kann eine Lawine nicht aufhalten – aber man kann darauf achten, dass man sie zumindest nicht selbst in Gang setzt!

1. Sei leise. Laute Geräusche können durch den Schall Lawinen auslösen!

2. Wirbel so wenig Schnee wie möglich auf.

3. Vermeide Erschütterungen an Hängen, die den Schnee lösen und eine Lawine nach sich ziehen könnten.

Was tun, wenn eine Lawine abgeht?

1. Versuche, Mütze und Handschuhe nicht zu verlieren und zieh den Reißverschluss deiner Jacke bis oben zu. So kommt kein Schnee unter deine Sachen.

2. Schrei, so laut du kannst, kurz bevor der Schnee dich erreicht. Damit warnst du andere – und lässt potenzielle Retter wissen, wo du bist.

3. Wenn der Schnee dich trifft, atme tief ein und schließ deinen Mund.

4. Versuch, im Schnee zu „schwimmen".

5. Bleib dabei so nah wie möglich an der Oberfläche.

6. Versuch, dich an Bäumen festzuhalten, die dir auf dem Weg bergabwärts begegnen. Wenn du es schaffst, klettere so hoch in den Baum hinein, bis du sicher bist.

7. Leg deine Hände an den Kopf, um dein Gesicht zu schützen sobald du langsamer wirst.

8. Beweg deinen Kopf hin und her, um Platz zum Atmen zu schaffen.

9. Solltest du verschüttet sein, orientiere dich am Licht und versuch, deinen Kopf zu befreien.

10. Pfeif regelmäßig mit deiner Trillerpfeife, um Retter herbeizurufen.

EINE WAHRE GESCHICHTE:
Hillary und Tenzing

Im Jahr 1953 bezwangen der neuseeländische Bergsteiger Edmund Hillary und sein nepalesischer Gefährte, der „Sherpa" Tenzing Norgay, als erste Männer überhaupt den höchsten Berg der Welt – den Mount Everest.

Es hatte schon vorher viele Expeditionen zum Mount Everest gegeben. Aber sie waren alle an der bitteren Kälte, an plötzlich aufkommenden Stürmen und dem steilen Aufstieg gescheitert. In der Nähe des Berggipfels gibt es nur sehr wenig Sauerstoff, sodass das Atmen schwierig wird. Die Bergsteiger verlieren Energie, und die dadurch verursachte Höhenkrankheit führt häufig zu Verwirrung und sogar zum Tod.

Als ihre Sauerstoffflaschen versagten, kehrten zwei Männer aus Hillarys und Tenzings Expedition um. Nicht aber Hillary und Tenzing! Am 29. Mai entschieden sie sich, einen letzten Versuch zu unternehmen, den Gipfel zu erreichen. Um dorthin zu gelangen, mussten sie eine tückische, zwölf Meter hohe Steilwand erklimmen. Das schafften sie, indem sie sich zwischen Felsen und Eis verkeilten. Zu Ehren von Edmund Hillary wird diese Felsstufe am Mount Everest „Hillary Step" genannt.

Um 11 Uhr 30 erreichten Hillary und Tenzing schließlich den Gipfel. Beide Männer betraten den höchsten Punkt der Welt genau zur gleichen Zeit.

Diese unglaubliche Neuigkeit erreichte den Rest der Welt am 2. Juni 1953, dem Krönungstag der britischen Königin. Allein dadurch war der Tag ein Feiertag, doch nachdem die Zeitungen von Hillarys und Tenzings Erfolg berichteten, gab es doppelten Grund zum Feiern!

Fleisch fassen:
Jagen und Fischen

Vor jedem Ausflug in die Wildnis solltest du so viel Proviant einpacken, wie du kannst. Doch selbst bei guter Vorbereitung kann es auf längeren Abenteuerreisen passieren, dass dir die Vorräte ausgehen und du dich für etwas zu essen ganz und gar auf deine eigenen Fähigkeiten verlassen können musst.

Alle großen Abenteurer waren gute Jäger oder Fischer – und auch wenn du im Moment vielleicht noch gar keine lange Expedition planst, kann es viel Spaß machen, ihre Techniken einzuüben.

Aber denk daran: Du solltest ein Tier niemals unnötig verletzen. Und sei immer sehr vorsichtig mit Angelhaken oder Pfeil und Bogen.

Angeln

Angeln gehört zu den schönsten Dingen, die man erlernen kann. Ob man damit auf langen Reisen eine hochwertige Nahrungsquelle beisteuert oder einfach nur einen entspannten Nachmittag an einem der Bäche oder Flüsse in seiner Nähe verbringt – Angeln macht einfach Spaß!

Hier sind ein paar Hinweise, die du beim Angeln immer beachten solltest, egal wo du gerade bist:

- Erkundige dich, ob du an diesem speziellen Ort eine Angelerlaubnis brauchst. Jeder, der gerne angeln gehen möchte, braucht per Gesetz einen Angel- oder Fischereischein: Man muss in Deutschland dafür vorher eine sogenannte Fischerprüfung ablegen.

- Bedenke, dass auch Fische lebendige Wesen sind und mit Respekt behandelt werden sollten. Tu einem Fisch niemals absichtlich weh.

- Deine Ausrüstung sollte immer sauber sein und die Stelle, an der du angelst, ordentlich. Tiere, wie Enten oder Schwäne, könnten sich an weggeworfenen Angelschnüren oder Haken schwer verletzen.

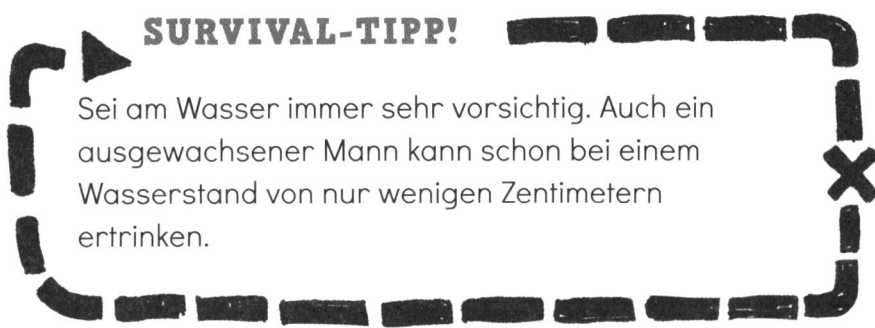

SURVIVAL-TIPP!

Sei am Wasser immer sehr vorsichtig. Auch ein ausgewachsener Mann kann schon bei einem Wasserstand von nur wenigen Zentimetern ertrinken.

Wie du dir deine eigenen Köder machst

Das Angelgeschäft in deiner Nähe wird eine schwindelerregende Menge an Angelzubehör anbieten.
Auch wenn eine erstklassige Ausrüstung dir das Angeln natürlich erleichtert, brauchst du eigentlich nicht mehr als eine einfache Angelrute, Schnur, Haken und Köder. Und das Beste ist, dass du fast alles selbst bauen kannst!

Du solltest Angelschnur und Haken in deinen Rucksack packen. Alles, was du sonst für eine Angel brauchst, findest du in der Natur!

Wie man sich eine Angelrute baut

1. Für eine Angel eignet sich jeder lange und geschmeidige Ast. Er sollte biegsam sein, ohne dabei abzuknicken, und leicht genug, sodass man ihn ohne große Anstrengung hochheben kann ... bedenke, dass er mit einem großen Fisch am Ende noch schwer genug sein wird!

2. Binde eine ungefähr zwei Meter lange Schnur mit einem festen Knoten an das eine Ende des Stockes.

3. Deine Angelrute sollte nicht länger sein, als du selbst groß bist, sonst könnte es schwierig werden, einen Fisch aus dem Wasser zu holen!

Schwimmer

Der Schwimmer zeigt dir, ob ein Fisch an deinem Köder angebissen hat. Man befestigt ihn zwischen Angelrute und Haken an der Angelschnur und lässt ihn dann im Wasser „schwimmen". Wenn ein Fisch an deinem Köder zugeschnappt hat, zieht er unter Wasser automatisch an der Schnur und setzt so den Schwimmer in Bewegung.

Solltest du in deinem Rucksack keinen Platz für Schwimmer haben, kannst du auch einfach einen Zweig an deine Angelschnur knoten. Dafür brauchst du keinen besonderen Knoten, nur den, mit dem du dir auch deine Schuhe zubindest! Der Zweig sollte groß genug sein, dass du ihn gut an der Wasseroberfläche erkennst, aber auch leicht genug, um unterzugehen, wenn ein Fisch anbeißt.

Wie man sich einen Schwimmer baut

Aus Korken und Gummibändern kannst du dir zu Hause deine eigenen Schwimmer bauen.

1. Mal eine Hälfte des Korkens in einer leuchtenden, wasserfesten Farbe an, die du auch vom Ufer aus noch sehen kannst.

2. Wickle das Gummiband fest um die Mitte des Korkens.

3. Fädle beim Zusammenbauen deiner Angel die Angel-schnur durch das Gummiband. So sitzt der Köder fest und sicher, und du kannst trotzdem noch die Länge der Schnur verändern.

Gewicht

Damit der Köder auch in die Tiefen absinkt, in denen sich die größeren Fische herumtreiben, bringt man zwischen Schwimmer und Haken Gewichte an. Professionelle Gewichte nennt man „Schrot". Das sind kleine Kugeln, die man einfach an die Schnur klemmt. Sie sind sehr günstig und es lohnt sich, einen ordentlichen Vorrat davon in seinem Rucksack zu haben.

Notfalls kannst du aber auch irgendetwas anderes als Gewicht an deine Angelschnur hängen. Such dir einfach einen flachen Stein und binde in der Mitte ein Gummiband darum. Zieh dann die Angelschnur durch das Gummi, so wie du es auch bei deinem selbstgemachten Schwimmer machst.

Köder finden

Jeder Angler hat eine eigene Vorstellung davon, welcher Köder bei welchem Fisch am besten funktioniert. Einige schwören auf ein simples Stück Brot, andere verbringen Stunden damit, ihre eigenen Spezialköder zuzubereiten und Rezepte zu entwickeln, auf die sogar ein Sternekoch stolz wäre. Wer liegt denn nun richtig? Nun, dieser Streit wird vermutlich so lange andauern, wie es Angler gibt, die darüber unterschiedlicher Meinung sein können.

In der Wildnis sind deine Ködermöglichkeiten sowieso eingeschränkt. Zum Glück ist das egal, denn die Wahrheit ist, dass Fische in der freien Natur beim Fressen nicht so wählerisch sind! Teile deines eigenen Proviants werden ihnen gut schmecken – Brot, Käse und Schinken – und auch ein paar andere Sachen, die du selbst nicht so lecker findest – wie Würmer und Maden!

Wenn du Würmer sammeln möchtest, geht das am besten morgens, wenn der Tau noch den Boden bedeckt. Bewahr sie zusammen mit ein bisschen Erde in einer verschlossenen Dose mit ein paar Luftlöchern im Deckel auf.

WO kann man WAS angeln?

Ob du es glaubst oder nicht, beim Angeln wirft man nicht einfach irgendwo einen Köder ins Wasser und wartet darauf, dass etwas anbeißt. Meistens sammeln sich

Fische an bestimmten Orten, und schlaue Angler wissen genau, wo man die besten Chancen hat, sie zu finden ...

In einem Fluss oder Strom

Außen an der Biegung eines Flusses –
Wenn Flussläufe sich schlängeln, treibt alles Fressbare meist an die Außenseiten der Biegungen, sodass man dort fast immer auch Fische findet. Liegt in dem Bereich ein Felsen oder ein umgestürzter Baum, der den Flusslauf hier verlangsamt, hat man noch bessere Chancen!

Hinter Felsen –
Hinter großen Felsen oder anderen Hindernissen im Fluss bilden sich auf natürliche Weise Bereiche mit klarem, ruhigem Wasser. Oft nutzen Fische diese Zufluchten, um sich von dem Kampf gegen die Strömung zu erholen.

Da, wo sich zwei Flüsse oder Bäche treffen –
Stärkere Strömungen transportieren mehr Nahrung. Jede Mündung eines Stromes ist daher auch eine Futterstelle für die Fische.

An überhängenden Bäumen oder Zweigen –
Sie spenden Schatten und Erholung für die Fische und schützen sie vor Vögeln. Oft verstecken sich hier größere Fische – aber pass auf, dass deine Angelschnur sich nicht in den Zweigen verheddert. Deine Ausrüstung ist kostbar, und du solltest nichts davon verlieren!

In einem See

An sanft abfallenden Klippen –
Klippen, die steil ins tiefe Wasser abfallen, sind für Fische
uninteressant. Die weniger steilen aber halten ab und an
Futter für sie bereit.

Zwischen Schilf und Seerosen –
Dies sind fantastische Orte, um Fische aufzuspüren, denn
sie finden hier viel Nahrung und Schutz. Insekten ziehen
kleine Fische an und die kleinen Fische die größeren!
Allerdings kann man sich im Schilfdickicht auch fürchterlich
verheddern. Also sei hier besonders vorsichtig, dass dir
nichts von deiner kostbaren Ausrüstung abhandenkommt!

Stege und Anlegeplätze –
„Beine" und Stützen von allem, was ins Wasser gebaut
wird, ziehen Pflanzen und kleinere Tiere an, von denen
sich Fische gerne ernähren.

Tipps und Tricks beim Angeln

Die erste und wichtigste Lektion, die du beim Angeln
lernen musst, ist Geduld! Eine alte Anglerweisheit sagt:
Wenn es beim Angeln nur ums Fangen ginge, hieße es ja
nicht Angeln, sondern Fangen!

Trotzdem, es gibt ein paar praktische Tricks, um am Ufer
ein bisschen erfolgreicher zu werden ...

- Such immer nach der Stelle, an der es vom flachen ins tiefe Wasser übergeht – genau dort sammeln sich Fische bei ihrer Suche nach etwas Fressbarem gern.

- Du musst nicht versuchen, die Angel bis in die Mitte des Flusses auszuwerfen – du wirst in der Nähe des Ufers wahrscheinlich mehr Glück haben.

- Angle, so tief du kannst – da sitzen die größeren Fische.

- Sonnenaufgang ist die beste Zeit zum Fischefangen. Steh früh auf und wirf deine Angel aus!

- Achte gut auf deine Angelschnur und deinen Schwimmer. Versuch den Unterschied zwischen einem Fisch, der nur mal deinen Köder untersucht, und einem, der wirklich zubeißt, zu erkennen.

- Es muss der richtige Köder sein. Wenn es mit dem einen nicht funktioniert, vergiss ihn und versuch es mit einem anderen.

- Übe das Auswerfen der Angel. Und dann üb noch mehr! Ein richtig guter Angler kann seinen Köder jedes Mal an exakt der gleichen Stelle eintauchen lassen.

- Wenn du an einem Fluss angelst, wirf die Angel stromaufwärts aus und lass den Köder stromabwärts treiben. Er wirkt so natürlicher auf die Fische, als wenn er nur an einer Stelle ins Wasser hängt.

Angeln im Meer

Im Meer zu angeln ist spannend, aber auch besonders herausfordernd. Allein wegen der Größe des Meeres muss man noch einige Dinge dazulernen.

Spinnköder

Im tiefen und unruhigen Meer benutzt man besser Spinnköder, auch „Spinner" genannt statt Schwimmern. Spinner sind Angelhaken, die an glänzenden Metall-„Fischchen" befestigt werden und deshalb wie Beute aussehen. Das lockt größere Fische an.

Wie man mit einem Spinnköder angelt

1. Binde den Spinnköder zusammen mit einem Gewicht an das Ende deiner Angelschnur. Du kannst den gleichen Knoten machen wie bei einem normalen Haken.

2. Wirf die Angel so weit ins Wasser aus, wie du kannst.

3. Lass den Spinnköder tief ins Meer hinabsinken.

4. Hol die Leine ganz langsam wieder ein. Achte darauf, ob du einen Ruck spürst. Vielleicht hat sich dann ein Fisch deinen Köder geschnappt?

5. Wenn kein Fisch angebissen hat, wirf die Angel wieder aus und versuch es noch einmal!

Andere Köder

Manche Meeresangler benutzen keine Spinnköder. Sie schwören auf Köder aus echtem Fisch, da der Geruch die größeren Fische anzieht. Probier es aus!

SURVIVAL-TIPP!

Bei Ebbe, wenn das Wasser zurückgeht, bilden sich zwischen den Felsen auf natürliche Weise kleine Becken, die sogenannten Gezeitentümpel. Diese Vertiefungen liegen bei Flut unter Wasser. Bei ablaufendem Wasser bleiben in diesen Tümpeln manchmal kleine Fische zurück.

EINE WAHRE GESCHICHTE:
Die Kon-Tiki-Expedition

Am 28. April 1947 ließen sich sechs Männer vom Hafen von Callao in Peru aus auf einem Floß aus Balsaholz auf den Pazifischen Ozean hinausschleppen, um sich mit der Strömung treiben zu lassen. 101 Tage später wurden sie in Polynesien, einer Inselgruppe im Pazifik, zu der auch Hawaii und Neuseeland gehören, sicher an Land getrieben. Auf ihrer unglaublichen Reise hatten sie mehr als 6.900 Kilometer auf dem größten Ozean der Welt zurückgelegt. Die Expedition, die als eines der erstaunlichsten Experimente auf See für immer in Erinnerung bleiben wird, wurde nach dem Namen des Floßes als die „Kon-Tiki-Expedition" benannt.

Angeführt wurde die Expedition von dem norwegischen Abenteurer und Wissenschaftler Thor Heyerdahl. Er wollte herausfinden, ob die Inka in Peru theoretisch auch die Inseln im Pazifik hätten erkunden und bevölkern können. Sein Floß war daher eine Kopie eines der ältesten Flöße, die man in Südamerika gefunden hatte, und es bestand zum größten Teil aus dem besonders leichten Balsaholz. Heyerdahls Team hatte zwar moderne Funkgeräte mit an Bord, doch was die Seetüchtigkeit betraf, mussten sie sich auf die alte Originalbauweise ihres Bootes verlassen.

Obwohl die Besatzung nur ein großes Segel als Antrieb hatte, schaffte sie es dennoch, einen festen Kurs in Richtung Westen zu halten. Die Männer sammelten und rationierten Regenwasser und entwickelten sich zu exzellenten Fischern. Einmal wurden sie von einem Walhai, dem größten Fisch der Welt, beinahe zum Kentern gebracht! Doch das Balsaholz schwamm so zuverlässig, dass sie sich über Wasser halten konnten. Man nimmt sogar an, dass ein moderneres Boot aus Stahl diesen Angriff nicht überstanden hätte.

Nachdem die Kon-Tiki an Land gespült worden war, wurde das Floß nach Norwegen zurücktransportiert. Dort kann man es bis heute im Kon-Tiki Museum am Stadtrand von Oslo besichtigen.

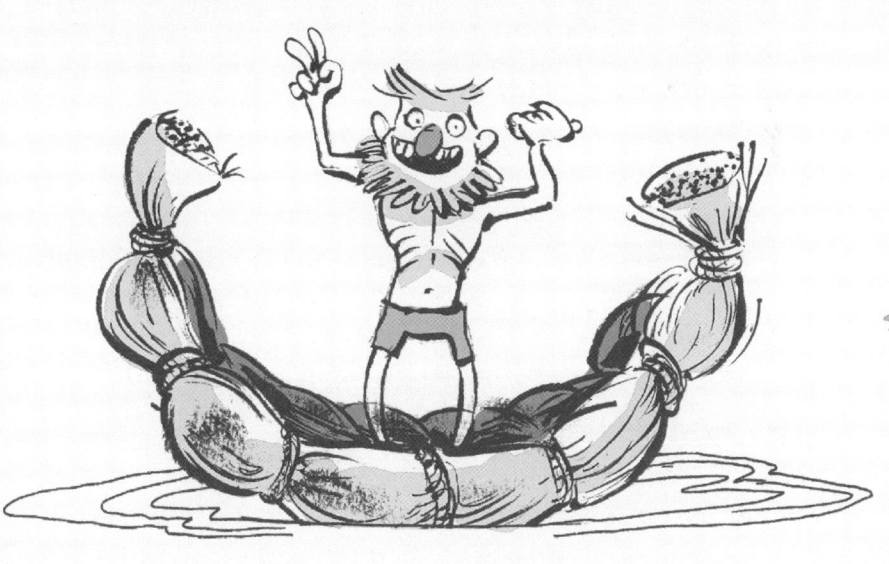

Jagen und Sammeln

Alle großen Entdecker und Abenteurer waren auch sehr gute Jäger und Sammler – für ihr Fleisch machten sie Jagd auf Tiere und sammelten Früchte, Beeren und Gemüse. Wagt man sich in die Wildnis hinaus, egal für wie lange, heißt das auch, dass man sich selbst um seine Nahrung kümmern muss. Ein paar grundlegende Jagdkenntnisse sind daher sehr wichtig. Außerdem solltest du unbedingt den Unterschied zwischen essbaren und giftigen Früchten kennen.

Zur Jagd von Tieren gibt es sehr strenge Regeln und Gesetze. Vor deiner Reise solltest du dich genau darüber informieren, welche Richtlinien in der Region gelten, die du gerne erkunden möchtest. Die goldene Regel in der Wildnis lautet, dass man niemals ein Tier aus sportlichen Gründen erlegen darf – und zum Essen nur, wenn es absolut lebensnotwendig ist.

Daher solltest du die hier geschilderten Techniken nur als rein theoretische Möglichkeiten betrachten ... du kannst sie ohne Beute in deinem Garten üben. Aber ziel mit deinen Waffen **NIEMALS** auf Menschen oder Tiere!

Pfeil und Bogen

Vor der Erfindung des Gewehrs waren Pfeil und Bogen die besten, effektivsten und tödlichsten Waffen eines Jägers. Auf sie verließen sich unsere Vorfahren bei der Jagd viele

Jahrhunderte lang. Pfeil und Bogen sind besonders reizvoll, weil ihre Herstellung sehr einfach ist. Versuche, den unten beschriebenen Schritten zu folgen – aber bedenke, dass sogar der einfachste Bogen mit seinen Pfeilen ernste Schäden und Verletzungen bei Mensch und Tier verursachen kann. Ziele also **NIEMALS** auf eine andere Person oder ein Tier!

Wie du Pfeil und Bogen baust

1. Such dir als Erstes einen langen Stock – am besten so lang wie der Abstand von deinen Füßen bis zu deiner Taille.

2. Schneid aber nicht extra einen Ast aus einem Baum, sondern versuch, einen am Boden zu finden. Er sollte nicht zu trocken oder brüchig sein.

3. Dein Bogen sollte elastisch genug sein, um ihn etwas zu biegen, aber auch stark genug, um immer wieder in die alte Position zurückzufedern.

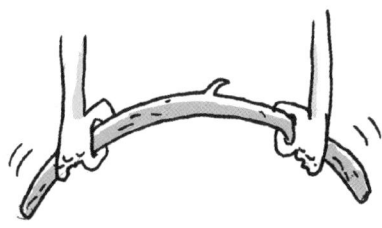

4. Schnitz den Bogen an der Innenkante seiner Wölbung mit deinem Taschenmesser ganz vorsichtig so in Form, dass er in der Mitte dicker ist als an den Enden.

5. Mach mit deinem Messer ungefähr 2,5 Zentimeter von jedem Ende entfernt jeweils eine Kerbe für die Bogensehne in das Holz.

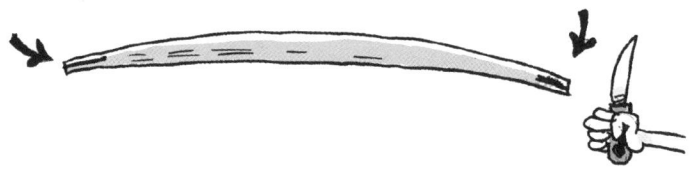

6. Am einfachsten ist es, den Bogen mit der Angelschnur zu bespannen. Schneid davon ein Stück ab, das etwas kürzer ist als der Stock für deinen Bogen, und binde es an beiden Enden fest.

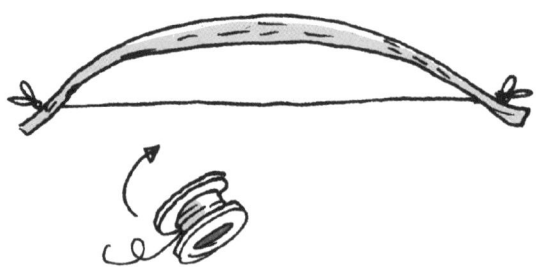

7. Das Bogenholz sollte immer leicht gebeugt sein. Denk dran, dass du genug Platz um dich herum brauchst, um den Bogen zu spannen, wenn du einen Pfeil abschießt.

8. Pfeile lassen sich gut aus festen, geraden Stöcken aus ausgetrocknetem Holz herstellen. Sie sollten ungefähr ein Drittel so lang sein wie der Bogen selbst.

9. Damit sie besser geradeaus fliegen, kannst du an einem Ende eine Feder anbringen. Kerbe dafür den Pfeil hinten senkrecht tief ein, schieb die Feder so weit wie möglich hinein und umwickle das Ende des Pfeils dann mit einem dünnen Faden.

10. Spitz deinen Pfeil vorne vorsichtig mit dem Messer an – aber denk daran, ihn niemals auf ein anderes Lebewesen zu richten oder abzuschießen!

Wie man mit Pfeil und Bogen schießt

Erwarte nicht, gleich wie ein zweiter Robin Hood schießen zu können. Es wird etwas Zeit und Übung kosten, bis du die Pfeile sicher abschießen und damit auch ein Ziel treffen kannst.

1. Halt den Bogen immer in der Mitte fest, die Sehne nicht gespannt – so, als wolltest du in den Boden schießen.

2. Halte ihn in deiner schwächeren Hand (also zum Beispiel in der linken, wenn du Rechtshänder bist).

3. Wähle einen Pfeil aus und halt ihn am hinteren Ende zwischen Zeigefinger und Mittelfinger fest. Mit dem Daumen hältst du ihn ruhig.

4. Führ den Pfeil in einem Winkel von 90 Grad zum Bogen unter die Bogensehne, während Pfeilspitze und Bogen nach unten zeigen.

5. Während du die Hand, die den Bogen hält, als eine Art Ablagefläche für den Pfeil nutzt, ziehst du ihn mit der rechten Hand zusammen mit der Bogensehne zu dir heran und spannst so den Bogen. Pfeil und Bogen zeigen dabei weiterhin nach unten.

6. Wenn die Sehne ganz gespannt ist und der Bogen sich biegt, heb ihn langsam nach oben und führe deinen Blick am Pfeil entlang, bis er auf dein Ziel ausgerichtet ist.

7. Zum Schießen lass die Bogensehne so ruhig und gezielt wie möglich los. Halte den Bogen ganz still, bis der Pfeil sein Ziel erreicht hat.

Ziele und Techniken

Du kannst die beste Ausrüstung der Welt haben – wenn du nicht weißt, wie man sie benutzt, ist sie praktisch wertlos ... Doch mit ein bisschen Übung können auch ein einfacher Pfeil und Bogen sehr effektiv und genau eingesetzt werden.

Wie du dir ein Ziel baust

Such dir draußen einen Bereich, in dem du üben kannst. Nicht nur der direkte Weg zwischen dir und dem Ziel sollte absolut frei sein, auch zu beiden Seiten und nach hinten solltest du genug Platz haben. Du weißt nie, ob dir nicht einmal ein Schuss danebengeht!

Such dir eine dicke Holz- oder Steinplatte, die du als Zielscheibe verwenden kannst. Lehn sie an einen Baum und markiere mit einem Stück Kreide zunächst die Mitte. Zeichne dann immer größer werdende Ringe um sie herum.

Wahrscheinlich wirst du nicht sofort jedes Mal ins Schwarze treffen. Aber lass dich nicht entmutigen, Übung macht schließlich den Meister!

Verantwortung und Gesetze

Jagen ist ein eindeutig geregelter Sport. Du solltest die regionalen Gesetze und alles, was sie dir erlauben oder verbieten, genau kennen.

Verletze niemals absichtlich ein Tier. Es ist nicht nur grausam, es ist verboten. Man darf nur dann Jagd auf Tiere machen, wenn das eigene Leben davon abhängt. Ein guter Abenteurer respektiert die Natur, und das schließt auch die Tiere mit ein.

Sei mit Waffen extrem vorsichtig. Richte sie niemals auf andere Menschen.

Achte darauf, dass du immer deinen Erste-Hilfe-Kasten bei dir hast und auch weißt, wie man ihn einsetzt (siehe Seite 198).

Wilde Beeren und Früchte

Sei vorsichtig bei allen wilden Früchten oder Beeren – solltest du auch nur den geringsten Zweifel haben, iss sie lieber nicht. Alle unten aufgelisteten Früchte und Beeren sind leicht zu erkennen, sehr weit verbreitet und sie schmecken köstlich ...

SURVIVAL-TIPP!

Du solltest möglichst keine Früchte und Beeren essen, die dicht an stark befahrenen Straßen wachsen. Durch die Abgase könnten sie gefährliche Giftstoffe enthalten, von denen du krank werden könntest.

Äpfel und Birnen

Auch Äpfel und Birnen wachsen wild. Sie schmecken unter Umständen sogar besser als die Früchte, die du im Supermarkt findest! Vorsichtig solltest du bei den kleineren „Holzäpfeln" sein. Sie sind ungenießbar. Auch unreife Äpfel solltest du niemals essen. Von ihnen kann man gemeine Bauchschmerzen bekommen.

Wilde Erdbeeren

Findet man im Spätfrühling und Sommer auf der ganzen Welt an Hängen und in Wäldern. Der Geschmack ist meist viel intensiver als der, den du von normalen Erdbeeren kennst.

Brombeeren

Die Brombeere ist als Wildbeere in Deutschland sehr verbreitet. Auf der gesamten nördlichen Erdhalbkugel und in Südamerika findet man sie den ganzen Sommer über.

Himbeeren

Überraschend oft wachsen Himbeeren auch wild außerhalb von privaten Gärten. Man kann sie unterwegs herrlich naschen – oder zum Nachtisch verputzen. In Europa und Nordamerika kann man sie im Spätfrühling und den ganzen Sommer über genießen.

Orangen

Sie wachsen in heißen Klimazonen wie zum Beispiel am Mittelmeer, in Brasilien, Mexiko und in Teilen Nordamerikas üppig in der freien Natur – und schmecken köstlich, wenn man sie im Sommer direkt frisch vom Baum pflückt!

EINE WAHRE GESCHICHTE:
Burke und Wills

Im Jahr 1860 versprach die australische Regierung den ersten Entdeckern, die den Kontinent von Süden in Richtung Norden durchquerten, eine große Belohnung. Australien bestand überwiegend aus Wüste. Auch Robert Burke und William Wills wollten sich dieser Herausforderung stellen. Die Einzigen, die schon damals wussten, wie man im sogenannten „Hinterland" überlebt, waren die Aborigines, die Ureinwohner Australiens. Schon vor Tausenden von Jahren hatten sie sich dort niedergelassen. Doch als Burke und Wills sich am 20. August auf den Weg machten, verzichteten sie auf die Hilfe eines erfahrenen Aborigine-Führers.

Ihre Expedition geriet am sogenannten Cooper Creek ins Stocken, und Burke, Wills und zwei andere Männer, Charles Gray und John King, zogen allein weiter. Sie sagten dem Rest ihrer Mannschaft, sie sollten auf ihre Rückkehr warten. Nach zwei Monaten erreichten sie die Nordküste – trotz verschwindend geringer Chancen hatten sie es geschafft.

Doch sie mussten auch wieder zurück. Auf der zermürbenden Rückreise wurde Gray krank und starb. Burke entschied sich anzuhalten, um ihn zu begraben – was sich als riesiger Fehler erwies.

Als Burke, Wills und King nämlich schließlich erschöpft und ausgehungert wieder am Cooper Creek ankamen, mussten sie feststellen, dass der Rest der Expedition nur neun Stunden zuvor seine Zelte abgebrochen hatte und aufgebrochen war. Die Zeit, die die drei Abenteurer mit Grays Beerdigung verbracht hatten, kostete Burke und Wills schließlich ihr Leben. Im Juli 1861 verhungerten sie.

Der Letzte der vier Männer, King, wurde von den Aborigines gerettet und gesund gepflegt. Er brachte die Gebeine von Burke und Wills zurück nach Melbourne und die beiden erhielten das größte öffentliche Begräbnis, das die Stadt jemals gesehen hatte.

Gift!

Bei diesem Thema gilt die goldene Regel: Alle Früchte, Beeren und Pflanzen in der Wildnis könnten giftig sein! Wenn du dir bei etwas nicht hundertprozentig sicher bist, solltest du es auf gar keinen Fall essen. Nur weil du vielleicht beobachtet hast, wie ein Tier etwas gefressen hat, heißt das nicht automatisch, dass du es auch verträgst. Der menschliche Körper funktioniert ganz anders, und viele Nahrungsmittel, die für Tiere in Ordnung sind, können für Menschen sehr giftig sein. Nehmen wir nur mal die Kühe als Beispiel – würden wir Gras essen, könnte unser Körper es nicht verdauen und uns würde richtig übel werden!

Welche Pflanzen giftig und welche essbar sind, erfährt man am besten, indem man mit einem erfahrenen Erwachsenen auf Expedition geht. Es gibt nichts Besseres, als direkt aus erster Hand zu lernen, was essbar ist und was du lieber meiden solltest.
Hier folgt eine nur sehr kleine Auswahl einiger der bekanntesten giftigen Pflanzen. Also noch einmal: Lass nichts, von dem du nicht absolut sicher weißt, dass es ungiftig ist!

Goldregen

An diesem Baum ist alles giftig.
Nimmt man etwas davon zu sich,
können Symptome wie
Kopfschmerzen, Bauch-
schmerzen und Halsschmerzen
auftreten. Goldregen wächst
zahlreich zumeist im südlichen
Teil Europas. Man erkennt ihn
leicht an seinen auffälligen,
leuchtend gelben Blüten, die von
den Zweigen herabhängen.

Fingerhut

Auch diese Pflanze ist komplett
giftig. Sie verursacht
Bauchschmerzen, Kopf-
schmerzen, Müdigkeit,
Schwindelgefühle und Übelkeit.
Du kannst Fingerhut sehr leicht
erkennen – die Pflanzen
wachsen sehr gerade und hoch
nach oben und haben viele
pink- oder lilafarbene
glockenförmige Blüten.
Fingerhut wächst überall in
Europa, West- und Zentralasien
und Nordwestafrika.

Giftefeu

Diese Pflanze findet man am häufigsten in Nordamerika. Sie ist schon giftig, wenn man sie nur berührt. Es wachsen immer drei mandelförmige Blätter zusammen und häufig klettern  die Pflanzen an Bäumen hinauf wie Wilder Wein. Oder sie wachsen buschartig und tragen grauweiße Beeren. Schon das Berühren der Blätter oder Beeren führt zu Blasen und einem schmerzhaften Ausschlag. Das Gift kann sich auch durch Rauch übertragen, also Vorsicht, dass die Pflanze nicht ins Feuer gerät.

Schierling

Vor dieser Pflanze solltest du dich auch in Acht nehmen – sie kann dich so schwach machen, dass du dich kaum noch bewegen kannst, und es kann passieren, dass du dich  heftig übergeben musst. Schierling wächst auf der ganzen Welt. Die Pflanzenstängel teilen sich in drei Triebe, an denen oben Sträuße weißer Blütenstände sitzen, die einen Durchmesser von etwa 10 Zentimetern haben.

Pilze

Pflück sicherheitshalber niemals Pilze in der Wildnis, um sie zu essen. Man muss sie jahrelang studieren, um die winzigen Unterschiede zwischen den essbaren und den giftigen zu erkennen. Irrst du dich, können die Folgen lebensgefährlich sein.

Hier eine Liste der schlimmsten Übeltäter:

Der Knollenblätterpilz

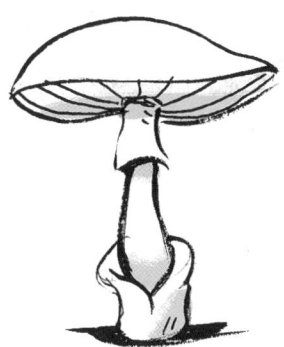

Aussehen: Gewölbte Hülle unten am weißen Stiel, weiße Lamellen und schmutzig weißer oder grüner Hut. Wirkung: Übelkeit, große Schmerzen, Durchfall, Koma, manchmal sogar eine tödliche Vergiftung.

Fliegenpilz

Aussehen: Weißer Stiel, weiße Lamellen und ein roter Hut mit weißen Punkten oder „Warzen" darauf.
Wirkung: Übelkeit, Schwindelgefühl, Halluzinationen.

Riesen-Rötling

Aussehen: Gelbe oder blassrosa Lamellen und ein gelbgrauer Hut.
Wirkung: Übelkeit, Schwäche, Durchfall, Schmerzen.

Hunger stillen:
Der Lagerfeuer-Kochkurs

Wenn du die Wildnis überleben möchtest, solltest du kochen lernen. Es gibt da draußen keine Mikrowellen, Pommesbuden oder Pizzalieferservices!

Glücklicherweise macht das Kochen am Lagerfeuer viel Spaß – und das Erlebnis, wie alle zusammen anpacken, um anschließend das selbst zubereitete leckere Essen zu verputzen, kann eine der schönsten Erfahrungen bei einer Expedition sein.

Du musst noch nicht mal ein besonders guter Koch sein. Solange du ein paar Rezepte auf Lager hast und weißt, was am Lagerfeuer zu tun ist, wirst du einige köstliche Mahlzeiten zubereiten können. Außerdem schmeckt sowieso alles viel besser, wenn es über einem Lagerfeuer zubereitet wird!

Zubehör

Da der Platz in deinem Rucksack begrenzt ist, wirst du wohl kaum massenhaft Zutaten oder das halbe Geschirr deiner Mutter mit dir herumschleppen! Du kannst auch mit einer kleinen Grundausstattung auskommen, wenn du sie optimal nutzt. Am Lagerfeuer werden die meisten Mahlzeiten sowieso nur in ein bis zwei Pfannen zubereitet

... und ganz clever ist es natürlich, auch gleich aus der Pfanne zu essen, die du zum Kochen verwendet hast.

Nahrungsmittel

Du solltest in deinem Rucksack immer Platz für ein paar Grundnahrungsmittel haben, aus denen du leicht und in jeder Situation, in der du ein Feuer machen kannst, eine nahrhafte Mahlzeit zubereiten kannst.

Nudeln/Reis

Kauf am besten Schnellkochreis und -nudeln. Sie lassen sich am leichtesten zubereiten.

Kartoffeln

Kartoffeln kann man sehr gut mit Schale kochen ... so halten sie sich mehrere Tage. Pack davon so viele ein wie es geht!

Bohnen

Gebackene Bohnen gehören schon seit der Zeit des Wilden Westens zu den Lieblingsgerichten von Abenteurern!

Würstchen

Würstchen lassen sich wunderbar braten. Bei heißem Wetter halten sie sich allerdings nicht länger als einen Tag, also iss sie möglichst gleich zu Anfang deiner Expedition.

Schinken

Genau wie Würstchen hält sich auch Schinken nicht gut im Warmen. Der Vorteil ist, dass du vom Schinken mehr einpacken kannst.

Tomatensauce

Ein paar Dosen Tomatensauce machen aus Pasta oder Reis eine leckere Mahlzeit!

Eier

Eier sind ein wunderbares Grundnahrungsmittel für leckeres Frühstück oder ein Omelette. Allerdings muss man sie sehr sorgfältig verpacken. Du willst ja nicht, dass in deiner ganzen Ausrüstung kaputte Eier kleben! Ein guter Trick ist, vor der Abreise einige von ihnen hart zu kochen. So hat man herzhaften Proviant für die Wanderung. Am besten isst du sie am gleichen Tag, an dem du sie gekocht hast.

SURVIVAL-TIPP

Die Verpackungen deiner Vorräte nehmen viel Platz weg. Statt sie mit dir herumzuschleppen, pack dein Essen vor der Reise lieber in luftdichte, wieder verschließbare Beutel um. Das spart nicht nur Platz und Gewicht, sondern reduziert auch deinen Abfall.

Die Kochausrüstung

Ein Abenteuerprofi benötigt in der Wildnis nur das Nötigste an Töpfen und Pfannen. Campinggeschäfte verkaufen praktische Sets, die man ineinanderstecken kann, um Platz zu sparen. Es lohnt sich, sie sich mal anzuschauen ... Doch für den Anfang konzentrier dich einfach auf Folgendes:

Feldgeschirr

Das ist der praktischste Mehrzweck-gegenstand in einer Feldküche! Wie in einem kleinen Kochtopf kann man im  Feldgeschirr einfach alles zubereiten. Du kannst darin nicht nur Wasser kochen, um dir morgens eine Tasse Tee zu machen! Du kannst es auch erst zum Kochen und anschließend zum Servieren benutzen – alles aus einem Topf bedeutet weniger Abwasch!

Bratpfanne

Natürlich kann man auch
Würstchen, Schinken und
Eier im Feldgeschirr brutzeln, aber es geht viel leichter in
einer Pfanne. Sie sollte einen Metallgriff und einen hohen
Rand haben.

▶ SURVIVAL-TIPP!

Wenn du einen Kochtopf übrig hast, füll ihn bis
obenhin mit Wasser und setz ihn während du isst,
aufs Feuer. So hast du gleich heißes Wasser zum
Abwaschen, wenn du aufgegessen hast!

Koch-Tipps

Braten: Du kannst deine Bratpfanne direkt auf die heißen
Kohlen stellen, allerdings sollten keine Flammen über
den Rand schlagen. Achte immer darauf, dass der Griff
vom Feuer weg zeigt. Fass die Pfanne oder den Griff
niemals an, ohne zum Schutz ein Handtuch oder ein Stück
Baumwollstoff um deine Hand gewickelt zu haben.

Kochtöpfe

Auch wenn man seinen Kochtopf
direkt auf die heißen Kohlen
stellen kann, ist es zum
Wasser-, Nudeln- oder
Reiskochen besser und
sicherer, ihn über die
Flammen zu hängen.
Sieh weiter unten
nach, wie man sich in
der Wildnis ein
eigenes Dreibein-
gestell dafür baut.

Alu-Folie

Viele Dinge lassen sich gut zubereiten, indem man sie
einfach in eine doppelte Lage Alu-Folie wickelt – mit der
glänzenden Seite nach innen – und sie dann auf die
heißen Kohlen legt. Schau aber immer wieder nach dem
Essen, damit es nicht anbrennt. Man kann in etwa von
folgenden Kochzeiten ausgehen:

Kartoffeln: 1 Stunde
Ganzer Fisch: 20 Minuten
Würstchen: 30 Minuten
Ganze Äpfel: 30 Minuten

Wie man sich einen Dreibein-Ständer zum Kochen baut

Du brauchst:
- drei gerade Stöcke, ungefähr einen Meter lang
- Kordel
- dein Messer

1. Schabe mit deinem Messer vorsichtig die Rinde von deinen Stöcken und spitze jeden von ihnen an einem Ende an.

2. Weich die Stöcke ungefähr eine Stunde lang in einem Fluss ein, damit sie kein Feuer fangen!

3. Steck zwei der Stöcke mit den scharfen Enden auf jede Seite des Feuers in den Boden, sodass sie sich kreuzen und oben ein etwa 10 Zentimeter langes „V" bilden.

4. Binde sie an dieser Stelle so zusammen, dass du den Faden immer „obenherum und untendrunter" führst.

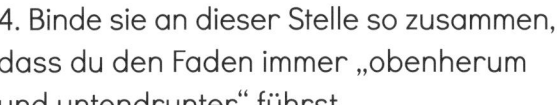

5. Steck den dritten Stock so in den Boden, dass er in dem „V" aufliegt, das du aus den ersten beiden Stöcken geformt hast – und binde ihn in der gleichen Technik an den anderen beiden fest.

6. Jetzt ist dein Kochgestell fertig! Knote einfach noch ein Stück Kordel an den Henkel deines Topfes und häng ihn damit in der gewünschten Höhe auf (kurz über den Flammen ist ideal). Wickle das Ende des Seils hin und her um das „V" oben an deinem Dreibeingestell, bis der Topf sicher hängt.

Rezepte

Bevor du zu einer Expedition aufbrichst, solltest du gelernt haben, wie man einfache Gerichte, z. B. gekochte Nudeln oder Reis, zubereitet. Um eine einfache und sättigende Mahlzeit herzustellen, probier mal, sie zu einer Tomatensauce dazuzugeben. So kannst du dir immer ein schnelles und leckeres Mittagessen machen …
Zugegeben, auf die Dauer könnte das etwas langweilig werden. Die folgenden einfachen Rezepte bringen etwas mehr Pep in deine Mahlzeiten. Probier sie doch einfach mal aus!

Klassisches Englisches Camp-Frühstück

Zutaten:
- Würstchen
- Speck
- Eier
- Bohnen

1. Piks die Würstchen an und brate sie in der Bratpfanne über den heißen Kohlen. Dreh sie ab und zu um, damit sie gleichmäßig braun werden.

2. Gib nach ca. 10 Minuten den Speck dazu.

3. Erwärme in einem separaten Topf langsam die Bohnen.

4. Wenn (ungefähr nach weiteren 10 Minuten) alles fast fertig ist, schlag ein Ei oder zwei über die Würstchen und lass das Ganze noch einmal fünf Minuten brutzeln.

5. Mach dir keine Sorgen, wenn sich Würstchen, Speck und Eier in der Pfanne vermischen – manche Leute sagen, so schmeckt es erst richtig lecker!

Lagerfeuerburger

Zutaten:
- Fleischbratlinge
- Gemüse – versuch's mal mit Zwiebelringen und Paprika
- Brötchen

1. Leg jeweils einen Fleischbratling in ein doppelt gewickeltes Folienpäckchen.

2. Leg die in Scheiben geschnittenen Zwiebeln und einige Paprikastücke oder welches Gemüse du möchtest, oben auf den Bratling.

3. Wickle alles in die Folie. Sie sollte keine Löcher oder Risse haben.

4. Leg das Päckchen oben auf die heißen Kohlen und lass es 20 bis 25 Minuten garen.

5. Wenn alles gar ist, leg es auf ein Brötchen und hau rein!

Ultimative Pita-Pizza

Zutaten:
- Pitabrot
- Tomatenmark
- Margarine oder Butter
- Pilze
- geriebener Käse
- in Scheiben geschnittene Zwiebeln
- in Streifen geschnittene Paprika

1. Bau dir über deinem Feuer einen Grill. Du kannst dafür nehmen, was du gerade zur Hand hast. Ein Gitterrost aus einem Backofen funktioniert zum Beispiel gut. Für einen Ausflug in die Wildnis besser geeignet ist ein Camping- oder Einweg-Grill, den du im Supermarkt kaufen kannst.

2. Bestreich dein Pitabrot mit Tomatenmark, beleg es mit Pilzen, Zwiebeln und Paprika und bestreu es mit viel Käse.

3. Klapp das Brot in der Mitte zusammen, bestreich eine Seite mit Butter oder Margarine und grill sie goldbraun.

4. Dann bestreichst du die andere Seite und wenn auch diese goldbraun ist, kannst du es dir schmecken lassen!

Lebensmittel aufbewahren

Es ist sehr wichtig, dass du deine Lebensmittel sorgsam aufbewahrst. Sie sollen ja nicht verloren gehen, verderben oder ungenießbar werden – und auf keinen Fall sollten sie hungrige wilde Tiere anlocken. Egal ob diese Tiere so groß wie Bären oder so klein wie Ameisen sind, dein Mittagessen ist für sie tabu!

• Lass niemals etwas Essbares in deinem Zelt herumliegen. Nicht nur, dass es dadurch lange nach Essen riecht, das Aroma kann auch dann noch Bären anlocken, wenn du es längst weggeräumt hast.

• Aus dem gleichen Grund lass auch niemals Lebensmittel in deinem Rucksack. Ein hungriges Tier wird sich durch den Stoff fressen, um an den leckeren Snack heranzukommen.

• Rohes Fleisch solltest du immer getrennt von allem anderen aufbewahren. Wasch dir gründlich die Hände, wenn du es verarbeitet hast – wenn möglich, am besten mit Seife und heißem Wasser.

• Koch am besten weit entfernt von deinem Schlafbereich. Denn egal, wie vorsichtig du auch bist, irgendetwas fällt beim Kochen immer herunter – und das Letzte, was du direkt neben deinem Schlafsack gebrauchen kannst, ist eine Ameisenstraße oder ein Schwarm Fliegen.

- Räum regelmäßig auf. Das erleichtert hinterher das Saubermachen und verhindert größere Unordnung.

- Bewahr deine Lebensmittel in einer Tasche auf, die du vom Ast eines Baumes herunterhängen lässt, weit genug von deinem Zelt entfernt. Das ist besonders in Bärenrevieren lebenswichtig.

► SURVIVAL-TIPP

Nicht nur der Geruch von Essen kann Bären und andere wilde Tiere anziehen. Alles mit einem ausgeprägten Geruch kann ihr Interesse wecken. Beherzige daher die gleichen Regeln, die für die Aufbewahrung von Nahrungsmitteln gelten, auch für Deos, Zahnpasta und Shampoos – und benutze außerdem möglichst immer die geruchsneutralen, ökologischen Varianten.

Hygiene

Du musst penibel darauf achten, dass du alles, was du zur Vorbereitung oder zum Essen selbst verwendest, so sauber wie möglich hältst. Ob du es glaubst oder nicht: Die Gefahr, durch nachlässige Sauberkeit krank zu werden, ist in der Wildnis beim Kochen und Essen am größten.

• Wasch dir vor dem Kochen immer die Hände – und noch einmal, bevor du isst. Wasch sie sicherheitshalber noch einmal, wann immer du mit rohem Fleisch zu tun hast.

• Benutze zum Waschen heißes Wasser und Seife. Wenn du das Wasser nicht erhitzen kannst, dann ist schnell fließendes Wasser am besten.

• Lass keine Essensreste herumliegen und räum alle Krümel weg – sie ziehen wilde Tiere und Insekten an.

• Bewahr deine Vorräte wenn möglich immer in luftdichten Dosen auf. So bleiben sie länger frisch.

• Fleisch sollte immer richtig „durchgekocht" sein, bevor du es isst – in der Mitte sollte es richtig heiß sein. Im Zweifel ist es immer besser, es leicht verkocht zu essen, als zu riskieren, dass es noch roh ist.

Dem Tod von der Schippe hüpfen: Schlangenbiss und Löwenangriff

Wir sind in der Wildnis nicht allein. Auch wenn es dort vielleicht nicht viele Menschen gibt, wimmelt es nur so von Tieren und Pflanzen. Einige davon sind nützlich, andere schmecken gut … und einige von ihnen möchtest du lieber gar nicht erst kennenlernen!

Der wahre Abenteurer weiß, wie er die Wildnis mit all den anderen Lebewesen teilt – nicht, indem er sie schlecht und rücksichtslos behandelt, sondern indem er mit ihnen in Harmonie lebt. Er macht aus allem, was die Natur ihm bietet, für sich das Beste.

EINE WAHRE GESCHICHTE:
Daniel Boone

Boone war einer der ersten großen Helden Amerikas –
ein Soldat, Jäger und Pionier der Neuen Welt. Um seine
Heldentaten ranken sich so viele Geschichten, dass man
nicht mehr unterscheiden kann, welche davon wahr sind
und welche Legende.

Boone wurde 1734 an der Landesgrenze von Pennsylvania
geboren, genau an der Grenze zum damals noch wilden
Teil Amerikas. Er wuchs zu einem großen Jäger heran.
Manchmal verschwand er für Monate in den Blue Ridge
Mountains, um für Fleisch und Häute, aus denen man
Kleidung herstellte, Wild, Biber und Wassermarder zu
jagen. Er wurde bekannt dafür, dass er Fährten finden
und lesen konnte, die andere Männer als solche nicht
einmal erkannten.

Zu dieser Zeit herrschten in Amerika zwischen europäischen
Siedlern und den indianischen Ureinwohnern starke
Spannungen. Über die Jahre entwickelte sich zwischen
Boone und den Häuptlingen aber tiefer gegenseitiger
Respekt. Sie alle erkannten, dass sie etwas verband: die
Liebe zur Natur und das Leben in der Wildnis.

Als der Stamm der Shawnee die Stadt Boonesborough überfiel, konnte Boone als Vermittler die Einwohner davon überzeugen, sich friedlich zu ergeben. Der Häuptling der Shawnee-Indianer war davon so beeindruckt, dass er Boone zum Ehrenmitglied des Stammes ernannte und ihm den Namen „Sheltowee" gab. Das bedeutet so viel wie „Große Schildkröte". Das war die größte Ehre, die amerikanische Indianer einem weißen Siedler erweisen konnten – und sie festigte Boones hohes Ansehen unter den Indianern. Seine Abenteuer waren die Inspiration zu dem Buch „Der letzte Mohikaner", das du in der Literaturliste auf Seite 232 findest.

Gefährliche Tiere

Die meisten Tiere sind Menschen gegenüber von Natur aus eigentlich nicht aggressiv. Das heißt aber nicht, dass sie ungefährlich sind. Ein wildes Tier ist vor allem eins: wild. Wenn es sich bedroht oder beängstigt fühlt oder annimmt, dass du eine Gefahr für seine Jungen darstellst, dann können die Dinge ziemlich schnell sehr, sehr unangenehm werden. Das betrifft eigentlich alle Tiere – sogar Haustiere, wie Katzen und Hunde ... aber ein ängstlicher, in die Enge getriebener Bär, der seine Jungen verteidigt, ist etwas völlig anderes als ein ängstliches, getigertes Kätzchen zu Hause!

Der beste Rat, den man jemandem in Bezug auf gefährliche Tiere geben kann, ist, auf keinen Fall die Nerven zu verlieren. Sei immer wachsam – mit all deinen Sinnen. Wenn du denkst, du könntest einem gefährlichen Tier zu nahe gekommen sein, dann entferne dich so schnell und so ruhig wieder, wie du kannst.

Paarungszeit

Viele normalerweise sanfte Tiere werden in der Paarungszeit sehr aggressiv, besonders wenn sie versuchen, ihre Partner durch Stärke und Mut zu beeindrucken.
Übrigens ist nicht nur im Frühling Paarungszeit – Wild zum Beispiel paart sich im Herbst. Friedliche Hirsche werden dann zu wilden Bestien.

Informier dich vor deinem Ausflug genau, welche Tierarten dir im Gebiet deiner Wanderung begegnen könnten. Es wird dein Abenteuer nicht nur bereichern, wenn du die verschiedenen Tiere erkennen kannst. Du wirst dich auch besser auf Gefahren, die dich unter Umständen erwarten könnten, einstellen können.

Jungtiere

Solltest du einem Jungtier begegnen, lass dich nicht dazu hinreißen, es zu streicheln oder dich ihm auch nur zu nähern, egal wie süß es aussieht. Das Baby selbst ist vielleicht gar nicht gefährlich – aber seine Mutter ist es auf jeden Fall! Die Eltern sind niemals weit von ihren Jungen entfernt ... und sie werden dich angreifen, wenn sie denken, dass ihr Kleines in Gefahr ist.

Füttern

Füttere niemals wilde Tiere. Du könntest sie mit etwas vergiften, was sie nicht vertragen, oder das Futter könnte größere, viel gefährlichere Tiere anlocken, die auch umsonst etwas zu fressen haben wollen.

Statistiken

Schwarz- und Grizzlybären:
durchschnittlich 30 Angriffe pro Jahr
(2 davon tödlich)

Haie:
durchschnittlich 60 Angriffe pro Jahr
(4 davon tödlich)

Tiger:
durchschnittlich 150 Angriffe pro Jahr
(100 davon tödlich)

Wie man den Angriff eines Bären überlebt

Bären sind vermutlich die gefährlichsten Tiere, die dir in der Wildnis begegnen können: In Teilen Nordamerikas sind Zusammentreffen mit Grizzlys und Schwarzbären ziemlich häufig!

Den Angriff eines Bären vermeidet man am besten, indem man sich gar nicht erst in seine Nähe begibt! Solltest du aber doch einmal einem riesigen, wütenden Bären gegenüberstehen, denk an Folgendes:

Als Erstes ist es wichtig zu erkennen, um welche Sorte Bär es sich genau handelt – wie du gleich unten sehen wirst, kann das entscheidend sein!

Grizzlybären sind bis zu zwei Meter groß, haben braunes Fell, massige lange Klauen und einen ausgeprägten Schulterbuckel. Schwarzbären sind etwas kleiner. Sie haben keinen Buckel oder lange Klauen. Ob du es glaubst oder nicht, sie können genauso gut blondes wie schwarzes Fell haben.

Schwarzbär

Grizzlybär

Gummibär

Wie man eine Grizzly-Attacke überlebt

1. Nicht weglaufen! Wenn du losrennst, wird der Bär annehmen, dass es sich lohnt, dich zu jagen. Grizzlys können bis zu 50 Stundenkilometer schnell laufen, da hätte nicht mal Usain Bolt eine Chance zu entkommen ...

2. Lass dich auf den Boden fallen und schütz deinen Kopf mit deinen Armen. Roll dich zusammen und mach dich so klein und unbedeutend wie möglich.

3. Stell dich am besten tot. Grizzlys greifen nur an, wenn sie sich bedroht fühlen. Wenn sie denken, dass du nicht mehr lebst, ziehen die meisten von ihnen einfach weiter. Sei trotzdem vorsichtig und steh nicht zu früh wieder auf ... es gibt sehr gerissene Bären, die sich in deiner Nähe verstecken und dich beobachten, um zu sehen, ob du nicht doch wie durch ein Wunder wieder lebendig wirst!

Wie man den Angriff eines Schwarzbären überlebt

Schwarzbären haben ein etwas anderes Temperament als Grizzlies – darum muss man sich ihnen gegenüber anders verhalten.

1. Bleib, wo du bist, und mach eine Menge Lärm. Schwarzbären täuschen Angriffe oft nur vor. Wenn sie das Gefühl haben, dass du es auf einen Kampf ankommen lassen würdest, kann es sein, dass sie doch lieber weglaufen.

2. Klettere nicht auf einen Baum. Schwarzbären sind exzellente Kletterer!

3. Schlag zurück. Es klingt verrückt, aber du solltest dich mit aller Kraft auf den Bären stürzen. Sei gemein zu ihm und versuch, vor allem sein Gesicht und seine Schnauze zu treffen. Es ist wie bei allen Angebern. Wenn Schwarzbären denken, du könntest zurückschlagen, machen viele von ihnen einen Rückzieher und rennen weg.

EINE WAHRE GESCHICHTE: Davy Crockett

Davy Crockett wurde 1787 in Tennessee geboren. Mit zwölf Jahren wurde er Cowboy und jagte Viehherden quer über die weite Prärie. Aber dieses Leben gefiel ihm nicht und mit dreizehn rannte er davon, um ganz allein in der Wildnis zu leben.

Crockett erwarb sich einen Respekt einflößenden Ruf als Jäger und Experte des Waldes. Man erzählte sich Geschichten über seine fast unheimlichen Fähigkeiten, Fährten aufzunehmen und ihnen zu folgen, über seine Stärke und Gerissenheit im Kampf und über seinen Mut selbst bei allergrößter Gefahr.

Er war vor allem für das Aufspüren und Töten von Schwarzbären und Grizzlys bekannt. Doch ein Kampf mit einem Schwarzbären wäre um ein Haar auch sein Ende gewesen. Crockett rang die ganze Nacht mit dem Bären. Er war mit einer langen Stange bewaffnet, mit der er den Bären stieß und reizte, um sich dann vor seinen tödlichen Krallen wegzuducken. Als er ihn endlich bezwungen hatte, war er selbst so ausgekühlt und erschöpft, dass er befürchtete, er würde die Nacht nicht überleben. Um warm und wach zu bleiben, verbrachte er die Stunden vor dem Sonnenaufgang damit, einen Baum rauf- und runterzuklettern.

Er wurde so berühmt, dass er das Leben in der Wildnis aufgab und ein erfolgreicher Politiker wurde – doch mit seinem neuen Leben in der Stadt war er nie richtig glücklich. Schon nach nicht allzu langer Zeit setzte er seinen alten Hut aus Waschbärenhaut wieder auf und flüchtete zurück in die Natur. 1836 starb er als einer der berühmtesten Männer des Wilden Westens in der Schlacht von Alamo in Texas.

Wie man eine Hai-Attacke überlebt

Anders als es Filme wie „Der weiße Hai" zeigen, sind Haiangriffe in Wirklichkeit eher selten. Gerät man trotzdem mal in ein Haigebiet, ist es wichtig zu wissen, wie man sich verhält.

1. Die erste Regel klingt albern, ist aber sinnvoll, wenn man darüber nachdenkt: Haie essen Fisch. Man sollte also besser nicht aussehen wie ein Fisch! Glänzende Uhren, Schmuck und leuchtende Badeanzüge können einen hungrigen großen weißen Hai denken lassen, du seiest ein leckeres Abendessen …

2. Zweitens sollte man sich immer von Orten fernhalten, an denen sich Haie normalerweise nach einem köstlichen Happen umsehen. Achte auf Gruppen von Vögeln, die im Wasser nach etwas schnappen oder tauchen. Das könnte ein Hinweis auf einen Fischschwarm sein, und das bedeutet normalerweise, dass dort auch noch größere Fische auf der Jagd sind.

3. Wenn du dich schneidest, verlass so schnell wie möglich das Wasser. Wenn das nicht geht, versuch zumindest, die Blutung zu stoppen oder die blutende Stelle aus dem Wasser herauszuheben. Haie können Blut kilometerweit riechen.

Wenn du angegriffen wirst ...

1. Schlag nicht panisch um dich. Wilde, unkoordinierte Bewegungen wirken auf einen Hai, als seiest du verletzt – und damit eine leichte Beute.

2. Bleib ruhig und warte den richtigen Moment ab. Wenn du kannst, schlag den Hai egal womit, so fest du kannst.

3. Ziel aufs Gesicht – besonders auf Augen und Nase. Ob du es glaubst oder nicht, wenn du einem Hai ein blaues Auge verpasst, kann es sein, dass er sich verzieht. Denn auch Haie haben ihren Stolz!
Im Jahr 2010 wurde die vierzehnjährige Lydia Ward in Neuseeland von einem gut anderthalb Meter langen Hai angegriffen. Sie kämpfte sich frei, indem sie ihm wütend ihr Surfbrett ins Gesicht knallte!

Wie man eine Piranha-Attacke überlebt

Piranhas leben in den Flüssen südamerikanischer Urwälder – und sind so ziemlich das Unheimlichste, was einem im Wasser begegnen kann! Obwohl sie mit 14 bis 26 Zentimetern Länge nicht gerade riesig sind, sind sie super schnell! Bewaffnet sind sie mit rasiermesserscharfen Zähnen und kommen mit jeder Menge übler Absichten um die Ecke. Und als sei das nicht genug, jagen diese gemeingefährlichen Fische auch noch in riesigen Schwärmen von hundert Piranhas und mehr.

Ein Piranha-Angriff kann verheerend sein. Tiere von der Größe einer Ziege können in Minutenschnelle bis aufs Skelett aufgefressen werden –'das bedeutet, wenn du angegriffen wird, hast du im Grunde keine Chance. Trotzdem: Solltest du mal einen Fluss mit Piranhas überqueren müssen, kannst du als cleverer Abenteurer einige Vorkehrungen treffen, um einem Angriff zu entgehen ...

1. Warte, bis es dunkel ist. Auch wenn dir das viel unheimlicher erscheint – Piranhas brauchen ihren Schlaf und du hast in dieser Zeit die besseren Chancen.

2. Überquer den Fluss möglichst nicht in einer Trockenperiode. Wenn es nicht regnet, trocknet das Flussbett langsam aus und die Piranhas finden weniger Nahrung. Wenn sie hungrig sind, werden sie sich noch gieriger auf alles stürzen, was einen Fuß ins Wasser setzt.

3. Such dir eine Stelle mit schneller Strömung, um durch den Fluss zu laufen. Piranhas sammeln sich eher dort, wo das Wasser ruhiger und wärmer ist.

4. Wenn du kannst, lenk die Piranhas ab, indem du flussabwärts, unterhalb deines Übergangs, etwas zu fressen in den Fluss wirfst. Allerdings sollte es schon Fleisch sein – und zwar eine ganz schöne Menge!

5. Wenn du eine offene Wunde hast oder blutest, solltest du einen Fluss mit Piranhas niemals überqueren. Die Piranhas wittern das Blut sofort und werden dich schnell aufspüren!

Wie man den Angriff eines Löwen überlebt

Löwen betrachten den Menschen immer noch als Bedrohung für ihr Fressen. Sie sind also sehr gefährlich! Wenn ein Löwe dich angreift, sind deine Überlebenschancen nicht die besten – aber du kannst ein paar Vorsichtsmaßnahmen treffen, um gar nicht erst in diese Lage zu kommen ... Falls du doch angegriffen wirst, dann gibt es einige Techniken, die für dich den Unterschied zwischen Leben und Tod bedeuten können.

Vorsicht Löwe!

1. Geh niemals auf einen Löwen zu und meide Löwinnen mit Jungen.

2. Wenn männliche Löwen in der Paarungszeit versuchen, potenziellen Partnerinnen zu imponieren, sind sie besonders aggressiv.

3. Sei insbesondere nachts sehr vorsichtig. Löwen lieben es, nach Sonnenuntergang auf die Jagd zu gehen!

Wenn du von einem Löwen angegriffen wirst ...

1. Versuch, nicht zu viel Angst zu haben! Du brauchst in dieser Situation einen klaren Verstand!

2. Nicht wegrennen – sieht ein Löwe auf der Pirsch, wie du fliehst, wird er denken, es lohnt sich, dich anzugreifen.

3. Bleib standhaft! Sieh dem Löwen direkt in die Augen.

4. Klatsch in die Hände, schrei laut und wink mit den Armen, damit du größer wirkst.

5. Dreh einem Löwen niemals den Rücken zu. Wenn du Glück hast, denkt er, dass du ihm als Beute zu viel Mühe machst. Dann schleicht er sich früher oder später wieder davon.

Bösartige Widerlinge

Du musst dich nicht nur vor den ganz
großen Biestern in Acht nehmen.
Große wilde Tiere werden oft von
winzigen Tieren begleitet, die eine
ganze Menge Schmerzen verursachen können. Einige
kennst du schon, Bienen und Wespen zum Beispiel.
Andere sind seltener, aber tödlicher.

Die Regeln für den Umgang mit stechenden und
beißenden Insekten sind aber die gleichen. Halte die
Augen nach ihnen offen ... und wenn du kannst, lass sie
einfach in Ruhe, wenn sie dir begegnen.

Hier sind einige Vorkehrungen, die du vorsorglich treffen
kannst ...

 GUT: Lass Schuhe und dicke Socken möglichst
an, wann immer es geht.

SCHLECHT: Irgendwo hineinzugreifen, ohne
vorher genau hineingesehen zu haben – so
wie bei Löchern oder Felsspalten, unter Steinen
oder hinter Baumstümpfen.

 GUT: Mach beim Laufen laute Geräusche.
Wenn du die Tiere von vornherein
verscheuchst, können sie dir nicht wehtun.

SCHLECHT: In den Schlafsack schlüpfen, ohne ihn vorher ausgeschüttelt zu haben. Du weißt nie, was darin vielleicht gerade ein Nickerchen macht!

 GUT: Überprüf immer deine Kleidung und deine Schuhe, bevor du sie anziehst.

Wie du einem Bienenschwarm entkommst

Bienen schwärmen aus, um ihren Bienenstock zu verteidigen. Wenn sie das tun, können sie sehr gefährlich werden. Sie greifen immer gemeinsam in großen Gruppen an.

1. Geh niemals nah an einen Bienenstock heran – die Bienen fühlen sich sonst angegriffen!

2. Wenn du einen Bienenschwarm siehst, entferne dich so schnell wie möglich wieder.

3. Es kann sein, dass die Bienen dich so lange verfolgen, bis sie sich nicht mehr durch dich bedroht fühlen. Vielleicht musst du also ein ganzes Stück rennen.

4. Such Schutz in höherem Gras.

5. Im Wasser abtauchen funktioniert nicht. Die Bienen warten einfach, bis du wieder auftauchst, und stechen dann zu.

6. Du solltest nicht nach ihnen schlagen – das macht sie nur noch wütender!

► SURVIVAL-TIPP!

Einen Bienen- oder Wespenstich solltest du niemals drücken oder kratzen. Denn damit verteilst du das Gift nur weiter im Körper und es juckt noch mehr. Wenn du von einer Biene gestochen wurdest, solltest du den Stachel so schnell wie möglich entfernen – mit deinen Fingern oder einer Pinzette. Du kannst dafür auch den harten Rand einer Kreditkarte benutzen.

Killer-Krabbeltierchen

Es ist wirklich Pech, wenn dir eins dieser widerlichen kleinen Viecher über den Weg läuft ... sollte das passieren, dann such sofort nach medizinischer Hilfe, denn sie alle könnten dich tödlich verletzen.

Skorpione

Skorpione leben in sandigen oder felsigen Gegenden und Steinmauern. Man erkennt sie an ihrem unverwechselbaren Stachelschwanz.

Schwarze Witwen

Diese kleinen Spinnen haben einen dickbauchigen Körper. Auf dem Bauch tragen sie eine rote Zeichnung in Form einer Sanduhr oder zwei rote Punkte. Schwarze Witwen kommen überall auf der Welt vor, außer in der Antarktis.

Moskitos

Moskitos sind tödliche mückenartige Insekten, die beim Stechen Blut aus ihren Opfern saugen Auch wenn sie nur sehr klein sind, sterben pro Jahr Millionen von Menschen an den Krankheiten, die Moskitos dabei übertragen.

Giftschlangen

Halt dich von Schlangen fern. Versuch niemals, sie zu fangen oder zu töten. Alle Schlangenarten haben Angst vor uns und fliehen lieber, als sich auf einen Kampf einzulassen.

Allerdings – wenn sie kämpfen, dann gewinnen sie in der Regel! Hier sind einige der gefährlichsten von ihnen. Denen solltest du unbedingt aus dem Weg gehen!

Nattern und Ottern

Nattern und Ottern gibt es in ganz Europa und Asien. Sie werden zwischen 60 und 90 Zentimeter lang. Die meisten Arten erkennt man an dem dunklen Zickzackmuster auf ihrem Rücken.

Klapperschlangen

Sie stammen aus Nord- und Südamerika und man erkennt sie an der unverwechselbaren Rassel am Ende ihres Schwanzes. Das Klappergeräusch ist übrigens ein Warnzeichen dafür, dass sie gleich zubeißen!

Kobras

Kobras gibt es in Afrika und Asien. An ihrem Hals, den sie zu einer Art breitem Kragen formen können, sind sie leicht zu erkennen. Das Besondere an ihnen ist, dass sie sich „aufrichten", bevor sie zubeißen.

▶ SURVIVAL-TIPP!

Du musst nicht nur gut darauf achten, dass du nicht gebissen wirst – viele Schlangen können auch Gift spritzen, einige sogar über erstaunlich weite Entfernungen.

Wie man mit Schlangengift umgeht

Keine Panik, wenn du von einer giftigen Schlange gebissen oder mit Gift bespritzt worden bist. Ruhig zu bleiben, ist das Wichtigste, was du tun kannst, um deine Überlebenschancen zu erhöhen – sogar, wenn du das Pech hattest, von einer der tödlichsten Schlangen überhaupt angegriffen worden zu sein.

SURVIVAL-TIPP!

Vergiss alles, was du jemals im Kino gesehen hast! Den Biss mit einem Messer aufzuschneiden und die Wunde auszusaugen, ist keine besonders gute Idee. So verteilst du die Infektion nämlich weiter im Körper und du wirst dabei vermutlich auch noch selbst krank.

1. Finde heraus, was für eine Schlange es war. Wenn du sie kennst, notier ihren Namen. Wenn nicht, mach eine Skizze von allem, was dir an ihr auffällt – diese Informationen können lebensrettend sein, wenn du ins Krankenhaus kommst.

2. Schreib auf, wie groß die Schlange war und wann sie dich gebissen hat.

3. Hol Hilfe! Auch wenn der Biss im ersten Moment gar nicht so wehtut, musst du so schnell wie möglich zu einem Arzt – besonders, wenn die Haut rund um den Biss ihre Farbe verändert oder anschwillt.

4. Zieh alles aus, was im Falle einer Schwellung zu eng werden könnte – Armbanduhren, Armbänder, Halsketten oder auch enge Kleidung.

5. Halte die Bissstelle möglichst unterhalb deines Herzens – so verteilt sich das Gift nicht so schnell.

6. Bandagiere den Bereich, aber nicht zu fest. Du willst nur den Giftfluss verlangsamen, nicht den kompletten Blutfluss unterbinden.

Retten, was zu retten ist:
Notfälle und Erste Hilfe

Die Wildnis ist kein sicherer Ort. Das macht sie so aufregend – aber dadurch kann jedes Abenteuer auch gefährlich werden. Egal, wie vorsichtig du bist, Unfälle und Notfälle kommen vor. Wenn etwas passiert, solltest du wissen, was zu tun ist.

Achtung! Die nächsten Seiten können dir bei Notfällen eine kleine Hilfe sein, mehr aber nicht. Sie sind keine Anleitung für ernste Unfälle oder Verletzungen.

Ein guter Abenteurer ist vorbereitet und hat vor seiner Reise einen professionellen Erste-Hilfe-Kurs besucht. Erkundige dich danach beim Deutschen Roten Kreuz, den Maltesern oder der Johanniter-Unfallhilfe.

Erste-Hilfe-Kasten

Wann immer du in die Wildnis gehst – auch, wenn es ein noch so kleiner Ausflug ist – solltest du deinen Erste-Hilfe-Kasten mitnehmen. Du wirst ihn hoffentlich nicht brauchen. Aber sollte es doch mal nötig sein, wirst du froh sein, dass du daran gedacht hast!

Die Grundausstattung deines Erste-Hilfe-Kastens sollte, sauber und in Plastiktüten versiegelt, die unten aufgeführten Dinge enthalten. Alles zusammen sollte in eine nicht zu große wasserfeste Box mit einem festen Verschluss passen – Eiscremedosen sind dafür perfekt geeignet.

Pflaster in verschiedenen Größen

Für die Behandlung von kleinen Schnitten und Schürfwunden (siehe Seite 204).

Baumwollbinde

Ideal für größere Wunden, wenn ein Pflaster zu klein ist.

Dreieckstuch (groß)

Um eine Schlinge zu machen (siehe Seite 212).

Sonnenmilch

Um sich gegen Sonnenbrand zu schützen. Es ist immer besser, sich einzucremen, auch wenn es zunächst gar nicht nach Sonne aussieht. Daher solltest du immer auch eine Sonnenmilch einpacken.

Zink- und Heilsalbe

Ideal, um Stiche und Sonnenbrände zu versorgen.

Wattetupfer

Um Wunden zu säubern, bevor man ein Pflaster oder einen Verband anbringt.

Schere

Um Verbände zu zerschneiden.

Sicherheitsnadeln

Um mit dem Dreieckstuch eine Schlinge zu machen. Auch praktisch, wenn dir etwas zerreißt und du keine Zeit hast, es wieder zusammenzunähen.

Schokolade

Schokolade ist perfekt für die Behandlung von Schocks und wenn man einen schnellen Energieschub braucht.

Sterile Tücher

Zur Desinfektion von Händen und Wunden.

Rehydratationsbeutel

Wenn du in besonders warmen Gegenden unterwegs sein wirst, solltest du dir vor der Abreise in der Apotheke zur Sicherheit zwei, drei Rehydratationsbeutel besorgen, die dich im Notfall schnell mit Flüssigkeit versorgen können.

Erste Schritte

Erste Hilfe nennt man alle Maßnahmen, mit denen man einem Verletzten helfen kann, bevor professionelle Hilfe eintrifft. Erste Hilfe ist kein Ersatz für eine ärztliche Behandlung – aber sie ist wichtig. Ohne Erste Hilfe könnten sogar harmlose Schnitte und Beulen schlimme Folgen haben. In Extremfällen kann eine gute Erste Hilfe sogar Leben retten.

Bevor du nach einem Unfall hilfst, versichere dich zuerst, dass die Gefahr vorbei ist. Du bist niemandem eine Hilfe, wenn du am Schluss selbst verletzt wirst!

Wenn die Situation sicher genug ist, um deinem Patienten helfen zu können, gibt es drei Dinge, die du unbedingt überprüfen solltest. Die Reihenfolge ist leicht zu merken: Denk nur an A, B und C.

1. Atemwege
Stell sicher, dass die Atemwege – Nase und Mund – frei sind. Neige den Kopf des Patienten vorsichtig leicht nach hinten und stelle sicher, dass seine Zunge frei liegt und beim Atmen nicht im Weg ist.

2. Beatmen
Atmet der Patient? Halte deinen Kopf ganz vorsichtig an den Mund des Patienten. Kannst du den Atem spüren?

3. Herzschlag überprüfen

Überprüfe, ob das Herz des Patienten schlägt. Am einfachsten lässt sich der Puls messen, indem man zwei Finger vorsichtig, aber fest neben den Kehlkopf legt.

Nachdem du diese drei Dinge überprüft hast und sie in Ordnung sind, kannst du mit der Versorgung kleinerer Wunden weitermachen.

Jemanden wiederbeleben – HLW

HLW steht für „Herz-Lungen-Wiederbelebung" – ein medizinischer Ausdruck für die Wiederbelebung einer Person, die bewusstlos ist und nicht atmet. HLW ist eine Notfalltechnik, und bevor du sie anwendest, **MUSST** du Folgendes beachten:

Die HLW darf man nur einsetzen, wenn man vorher professionell darin geschult wurde. Macht man etwas falsch, verschlimmert man die Lage vielleicht. Es ist daher sicherer, wenn eine HLW **NUR** von Erwachsenen ausgeführt wird!

Wie man Verbrennungen behandelt

Schon kleine Verbrennungen können sehr schmerzhaft sein – und größere können ernste Folgen haben. Es ist sehr wichtig, niemals Salbe auf eine Brandwunde zu tun, und nur sehr kleine Verbrennungen sollte man verbinden – die feine Haut unter der Wunde könnte am Verband festkleben und die Verletzung verschlimmern.

Kühl die Verbrennung

Halte die verbrannte Stelle unter kaltes Wasser, so schnell du kannst. Das Wasser sollte fließen – wenn du keines finden kannst, versuch, es aus einem Eimer darüber zu schütten. Es sollte aber nicht abgestanden sein oder aus einem Teich stammen, sonst könnte es voller Keime oder verschmutzt sein. Es soll die Wunde nicht nur kühlen, sondern auch den Schmutz herauswaschen.

Entferne störende Gegenstände

Nimm Uhren oder Schmuck ab, die zu eng werden könnten, wenn der Bereich anschwillt. Kleidung, die an der Wunde klebt, solltest du allerdings niemals selbst entfernen – damit könntest du die Verletzung verschlimmern.

Kleinere Stellen, an denen die Haut keine Blasen gebildet hat, können vorsichtig mit Wattepads trocken getupft und dann locker mit einem Verband bedeckt werden. Eine größere Wunde, die von Blasen bedeckt oder bei der die Haut gerissen ist und nässt, sollte man nicht bandagieren, sondern mit einem nassen Stück Stoff kühl und feucht halten. Such in diesem Fall, so schnell du kannst, nach professioneller medizinischer Hilfe.

Wie man Schnitte behandelt

Kleine Schnitte kann man in der Wildnis mit Desinfektionstüchern und Pflastern selbst behandeln. Größere Wunden sollten immer so schnell wie möglich professionell versorgt werden. Ein bisschen Blut zu verlieren, ist nicht gefährlich, aber jemand mit einer schlimmeren Wunde verliert unter Umständen sehr schnell sehr viel Blut. Das kann ernste Folgen haben. Es kann sogar sein, dass die Person eine Transfusion braucht, um das verlorene Blut zu ersetzen.

1. Du musst Druck auf die Wunde ausüben, damit sie aufhört zu bluten. Wenn es ein sauberer Schnitt ist, halt die Stelle hoch, damit das Blut von der Wunde wegfließen kann.

2. Press die Schnittkanten zusammen oder drück bei größeren Schnitten eine saubere Verbandskompresse darauf.

3. Versuche bei kleinen Schnitten, Dornen, Glasscherben oder Schmutz zu entfernen. Bei größeren Wunden solltest du das nicht tun, denn dadurch könntest du noch schlimmere Blutungen in Gang setzen.

4. Wenn die Blutung nachlässt oder stoppt, halte die Verbandskompresse auf der Wunde fest und wickle eine Bandage um den gesamten Wundbereich.

5. Der Verband sollte sicher, aber nicht zu fest sitzen. Der Druck auf die Wunde sollte erhalten bleiben, ohne dabei das Blut abzuschnüren.

6. Hast du die Wunde einmal verbunden, solltest du die Bandage nicht ständig abnehmen, um den Schnitt zu kontrollieren. Die Wunde könnte sonst schmutzig werden oder wieder anfangen zu bluten.

Erfrierungen

Erfrierungen bedrohen besonders die Teile des Körpers, die direkt der Kälte ausgesetzt sind, wie Finger, Zehen und Nase. In extremen Fällen kann es passieren, dass die Zellen der erfrorenen Stellen sogar absterben und diese Teile dann einfach abfallen!

Warnsignale

- Ein Kribbeln wie von „Tausend Nadeln", ein pulsierender Schmerz im betroffenen Bereich.
- Die Haut wird kalt und weiß.
- Behandelt man sie nicht, wird die Haut blau oder fleckig.
- Die betroffenen Stellen fühlen sich hart an.
- Wenn die Haut sich wieder erwärmt, können sich Blasen bilden, die schwarz nachdunkeln. Wird dies nicht behandelt, kann in diesem Moment der größte Schaden für den Körper passieren und es muss vielleicht sogar amputiert werden.

Wie man Erfrierungen behandelt

- Nach Möglichkeit die Kälte sofort verlassen.
- Alle nassen Sachen ablegen und trockene, wärmere Kleidung anziehen.
- In Decken einwickeln.
- Die betroffenen Stellen am Körper niemals reiben oder nah ans Feuer halten – das richtet unter Umständen größere Verletzungen an.
- So schnell es geht professionelle medizinische Hilfe aufsuchen!

Unterkühlung

Von Unterkühlung spricht man, wenn eine Person so
lange der Kälte ausgesetzt war, dass sich ihre Körpertemperatur bis auf ein gefährlich niedriges Level
abgesenkt hat. Dann beginnt der Körper, nach und nach
einen Teil seiner Funktionen „abzuschalten", um Energie
zu sparen.

Symptome

- Zittern, kalte Haut, wenig Energie;
- Verwirrung, Schläfrigkeit, undeutliche Aussprache;
- fache Atmung und ein schwacher Puls;
- Verlust des Bewusstseins, wenn nicht schnell gehandelt
  wird.

Wie man eine Unterkühlung behandelt

- So schnell wie möglich einen warmen Unterschlupf
  suchen.
- In Decken einwickeln.
- Nasse Kleidung gegen warme, trockene Kleidung
  tauschen.

- Wenn möglich, mit Hilfe der Körperwärme eines Begleiters aufwärmen – eine Umarmung kann Wunder bewirken!
- Warme (nicht kochend heiße!) Getränke und kleine Mengen Schokolade zu sich nehmen.
- So schnell wie möglich nach medizinischer Hilfe suchen!

Überhitzung

Überhitzung bedeutet, dass die Körpertemperatur zu hoch ansteigt. Ändert man nichts an diesem Zustand, kann er zu einem Hitzschlag führen. Wichtige Teile des Körpers setzen dann einfach aus und funktionieren nicht mehr.

Symptome
- Heiße, gerötete Haut und starkes Schwitzen;
- Übelkeit und Erbrechen;
- Extreme Müdigkeit und ein rasender Herzschlag;
- Verwirrung;
- weniger häufiges Urinieren, und die Farbe des Urins ist viel dunkler als sonst.

Was bei Überhitzung zu tun ist
- Ab in den Schatten!
- Viel trinken, möglichst Wasser (wenn möglich, am besten aus den sogenannten Rehydratationsbeuteln), bis alle Symptome verschwunden sind.

- Die Haut kühlen, indem man sie mit einem kalten, feuchten Tuch abreibt.
- Kleidung lockern.

Dehydrierung

Unser Körper besteht zu zwei Dritteln aus Wasser.
Ein großer Flüssigkeitsabfall kann ernste Folgen haben.

Sinkt der Wassergehalt auf ein gefährlich niedriges Level ab, kann das zur sogenannten Dehydrierung, zum Austrocknen des Körpers führen.

Symptome
- Das erste Anzeichen ist Durst;
- achte auf Schwindelgefühle und Benommenheit;
- Kopfschmerzen, Müdigkeit;
- sehr dunkler Urin, man muss nur sehr selten urinieren;
- sehr trockener Mund und aufgesprungene Lippen.

Was bei Flüssigkeitsmangel zu tun ist
- Ab in den Schatten und viel trinken. Viele kleine Schlucke sind besser als wenige große.
- Rehydratationsbeutel nutzen, wenn man welche dabeihat.
- Kann das Wasser nicht bei sich behalten werden oder hat man Durchfall, so schnell wie möglich einen Arzt aufsuchen.

Höhenkrankheit

Die Höhenkrankheit bekommt man, wenn man in so großen Höhen unterwegs ist, dass der Körper nicht genug Sauerstoff für die Funktion der Muskeln, der inneren Organe und des Gehirns aufnehmen kann. Belässt man diesen Zustand, kann er sehr gefährlich werden.

Symptome

- Leichte Höhenkrankheit beginnt mit Müdigkeit und Kopfschmerzen;
- achte darauf, ob Übelkeit und Schwindelgefühle folgen;
- Kurzatmigkeit;
- häufig: Verwirrung und Unbeholfenheit;
- in ernsten Fällen bildet sich bei den Patienten ein schaumiger Auswurf beim Husten.

Was bei der Höhenkrankheit zu tun ist

- Die Höhenkrankheit kann man verhindern, indem man nicht zu schnell zu hoch klettert – man sollte sich immer genug Zeit nehmen, um sich an das Klima zu gewöhnen.
- Genug trinken, damit man nicht austrocknet.
- So schnell wie möglich wieder das Tal aufsuchen.
- Halten die Symptome an, sollte man schnellstens in ein Krankenhaus gehen.

Wie man eine Armschlinge anlegt

Schlingen bieten bei Armverletzungen die optimale Stütze – sie nehmen dem Arm sein Gewicht und schützen ihn vor weiteren Erschütterungen. Eine Schlinge zu binden, ist sehr einfach. Alles, was du brauchst, ist das Dreieckstuch aus deinem Erste-Hilfe-Kasten.

1. Leg die Bandage so um den Hals, dass der größere Teil des Dreiecks vorne herunterhängt, wie auf dem Bild gezeigt. Halte die Hand des verletzten Arms dabei höher als den Ellbogen.

2. Heb das vor dem Körper herunterhängende Ende des Tuches hoch und binde es mit dem gegenüberliegenden oben auf der Schulter zusammen.

3. Falte die letzte noch übrige Ecke um den Ellenbogen und befestige sie mit einer Sicherheitsnadel am Rest der Schlinge.

Wie man sich eine Krücke macht

Verletzte Beine oder Füße kann man mit einer einfachen selbst gemachten Krücke entlasten. Such dir einen dicken Stock mit einer Astgabel an einem Ende. Schneide den Stock so zurecht, dass er in der Höhe vom Boden bis zu deiner Brust reicht. Du benutzt ihn, indem du einfach die Astgabel unter deine Achselhöhle schiebst, das verletzte Bein nicht mehr auf den Boden setzt und die Krücke auf dieser Seite das Gewicht übernehmen lässt. Das Laufen mit einer Krücke solltest du zu Hause üben, bevor du dich auf den Weg in dein Abenteuer machst.

Wie man eine Trage baut

Tragen benutzt man, um schlimm verletzte Personen sicher zu transportieren. Mit ein bisschen Geschick kannst du dir in der Wildnis deine eigene Trage bauen.

- Wende zwei Jacken von innen nach außen und mach die Knöpfe oder Reißverschlüsse zu. Leg sie flach auf den Boden, eine vor die andere.

- Such dir zwei stabile, gerade Stöcke – Zeltstangen sind ideal. Mit biegsamen funktioniert es nicht so gut.

- Zieh die Stöcke von unten durch die Jacke und die Jackenärmel, sodass sie oben und unten herausschauen.

- Probier die Trage immer erst aus, bevor du sie benutzt!

Die Wichtigkeit von Erste-Hilfe-Kursen

Du hast in diesem Buch einen klitzekleinen Einblick in die Grundtechniken der Ersten Hilfe erhalten. Du solltest deshalb aber auf keinen Fall glauben, dass du dir dadurch bei jedem Notfall in der Wildnis zu helfen weißt! Achtung! Jeder Notfall ist anders!
Ein gut vorbereiteter Abenteurer hat an **MINDESTENS EINEM** professionellen Erste-Hilfe-Kurs teilgenommen. Wir empfehlen dringend, vor jedem längeren Trip in die Wildnis einen Auffrischungskurs zu machen.

EINE WAHRE GESCHICHTE:
Aron Ralston

Im Jahr 2003 kletterte der Bergsteiger Aron Ralston allein durch den abgelegenen Blue John Canyon in Utah/ USA, als sich plötzlich ein riesiger Felsbrocken aus der Wand löste. Der Brocken erwischte seinen rechten Arm und klemmte ihn an der Felswand ein. Ralston hatte niemandem gesagt, wohin er gehen würde, also war ihm klar, dass niemand kommen würde, um ihn zu retten.

Fünf Tage lang versuchte Ralston, seinen Arm mit eigener Kraft freizubekommen – doch der Fels wollte sich einfach nicht bewegen. Er hatte nur noch wenig Wasser dabei und als er immer mehr austrocknete und immer häufiger in eine Art Delirium fiel, wurde ihm klar, dass er etwas sehr Drastisches tun musste, wenn er überleben wollte.

Am fünften Tag ging ihm das Wasser aus. Ralston ritzte seinen Namen, seinen Geburtstag und das Datum dieses Tages in die Felswand, bereit, etwas Ungeheuerliches zu tun. In der nächsten Stunde sägte er mit einem halb stumpfen Messer seinen Arm an, um ihn dann schließlich kurz oberhalb des Ellbogens selbst abzuhacken.

Mit unvorstellbaren Schmerzen und selbst ziemlich überrascht davon, dass er noch am Leben war, bandagierte er sich den Stumpf, kletterte die Felswand hinunter und wanderte durch die Wüste zurück. Schließlich wurde er von einem Hubschrauber gesichtet und gerettet.

Es ist ein Wunder, dass Ralston überhaupt überlebte. Noch erstaunlicher ist, dass selbst dieses Erlebnis ihm seine Liebe zur wilden Natur nicht nehmen konnte. Seit dem Unfall – und obwohl er nur noch einen Arm hat – bezwang er schon wieder mehrere Berge, darunter den Kilimandscharo. Und auch seinen Plan, den Mount Everest zu besteigen, hat er bis heute nicht aufgegeben!

Wilde Verweise

Inzwischen hast du schon einiges über die Wildnis und wie man dort überlebt, gelernt. Also, worauf wartest du noch? Nichts wie raus mit dir!

Dieser letzte Teil des Buches enthält einige hilfreiche Tabellen zur Umwandlung von Entfernungen und Gewichten sowie einige unglaublich-aber-wahre Fakten über unsere Welt da draußen. Vieles davon kann dir sehr nützlich sein, und mit einigem kannst du bei deinen Freunden schwer Eindruck machen!

Umrechnungstabellen

Längen
1 Meile = 1,6 Kilometer
1 Fuß = 0,3 Meter
1 Inch = 2,54 Zentimeter

Flächen
1 Quadratmeile = 2,6 Quadratkilometer
1 Quadratfuß = 0,1 Quadratmeter
1 Quadratinch = 6,5 Quadratzentimeter

Mengen
1 Gallone = 4,5 Liter
1 Pint = 0,6 Liter

Gewichte

1 Pfund = 0,5 Kilogramm

1 Unze = 28,3 Gramm

Geschwindigkeit

1 Meile/Stunde =
1,6 Kilometer/Stunde

Erstaunliche Fakten

Einige der folgenden Fakten könnten in der Wildnis für dich von Nutzen sein – andere sind einfach super, um damit deine Freunde zu beeindrucken! Sie alle haben eins gemeinsam: Sie zeigen uns, was für ein wundervoller Ort die Welt ist, in der wir leben …

Siebzig Prozent der Erdoberfläche ist von Meeren bedeckt. Das ist auch der Grund, warum man die Erde manchmal den „Blauen Planeten" nennt. Nur fünf Prozent dieser Ozeane sind dem Menschen bisher bekannt – 95 Prozent bleiben dem menschlichen Auge für immer verborgen.

Der Pazifische Ozean ist der größte der Welt. Er hat eine Oberfläche von rund 165.200.000 Quadratkilometern.

Der längste Fluss der Welt ist der Nil in Afrika – er ist fast 6.700 Kilometer lang! Aufgrund von Streitigkeiten darüber, wo genau der Nil entspringt, glauben manche aber, der Amazonas in Südamerika könnte noch ein paar Meter länger sein.

Angel Falls in Venezuela ist mit 979 Metern der höchste Wasserfall der Welt.

Der Baikalsee in Russland ist der älteste und tiefste See der Welt. Man vermutet, dass er 30 Millionen Jahre alt ist. Er hat eine durchschnittliche Tiefe von 744,4 Metern – aber an seiner tiefsten Stelle ist er 1.642 Meter tief!

Im Malawisee in Ostafrika gibt es mehr Fischarten als in irgendeinem anderen See.

Der Regenwald am Amazonas in Südamerika ist so groß, dass man vermutet, dass es dort immer noch unentdeckte Stämme geben könnte. Er bedeckt ein Gebiet von mehr als fünfeinhalb Millionen Quadratkilometern.

Das größte Lebewesen der Erde ist kein Tier ... es ist das Great Barrier Reef vor der Küste Australiens. Es ist mehr als 2.300 Kilometer lang.

Die Pantanal-Sümpfe in Südamerika sind die größten Sümpfe der Welt und Heimat von riesigen Wasserlilien, Unterwasserwäldern und mehr als 300 Fischarten, darunter Rote Piranhas.

In jedem arktischen Winter vergrößert sich die Eisfläche täglich um vier Kilometer und der Kontinent verdoppelt sich in nur wenigen Wochen.

Die Wüste Sahara in Afrika hat in etwa die gleiche Größe wie die USA und ist ungefähr 26-mal so groß wie

Deutschland. Die unglaublichen Mengen an Sand und Staub, die man dort findet, können bis zu 5.000 Meter hoch in den Himmel geweht werden.

Aber die Sahara ist nicht die größte Wüste der Welt. Da eine Wüste eine Gegend ist, in der nur minimale Mengen Regen pro Jahr gemessen werden, ist technisch gesehen die Antarktis die größte Wüste der Welt!

Das höchste Gebirge der Welt ist der Himalaya. Es ist gut 3.000 Kilometer lang und hat Hunderte Gipfel, die über 7.000 Meter hoch sind. Dreizehn seiner Berge messen mehr als 8.000 Meter.

Mit 8.848 Metern über dem Meeresspiegel ist der Mount Everest der höchste Berg der Welt.

Die Voronya-Höhle (auch Krubera-Höhle genannt) in Georgien ist die tiefste Höhle der Welt – sie reicht 2.191 Meter in die Tiefe – was bedeutet, dass das Empire State Building fast fünfmal hineinpassen würde!

Es gibt mehr Insekten auf der Welt als alle anderen Tiere zusammengenommen.

Das Gesamtgewicht aller Ameisen auf der Welt ist fast das gleiche wie das Gesamtgewicht aller Menschen.

Der Pfeilgiftfrosch, der in Zentral- und Südafrika vorkommt, ist das giftigste Tier der Welt.

Polarbären erreichen beim Laufen eine Geschwindigkeit von bis zu 50 Stundenkilometern und können mehr als 1,80 Meter hoch in die Luft springen.

Die Erde kreist mit einer Geschwindigkeit von 106.216 Stundenkilometern immer um die Sonne. Außerdem dreht sie sich mit flotten 1.600 Stundenkilometern um ihre eigene Achse.

Umkreist die Erde die Sonne einmal auf ihrer Umlaufbahn, hat sie fast 1.502.400.000 Kilometer zurücklegt.

Ein Tag dauert eigentlich gar nicht 24 Stunden. Genau genommen braucht die Erde „nur" 23 Stunden, 56 Minuten und 4 Sekunden, um sich einmal um die eigene Achse zu drehen. Damit hat ein Jahr auch nicht genau 365 Tage, sondern 365,25 Tage. Um das auszugleichen, haben wir alle vier Jahre ein Schaltjahr in unserem Kalender.

Es dauert ungefähr acht Minuten, bis das Licht der Sonne bei uns ankommt. Wenn du also in die Sonne schaust, dann siehst du sie so, wie sie vor acht Minuten aussah!

Die höchste Temperatur, die man je gemessen hat, wurde mit 57,78 °C 1922 in Libyen aufgezeichnet.

Die tiefste je gemessene Temperatur herrschte mit -89,22 °C im Jahr 1983 in der Antarktis.

Naturweisheiten

Kennst du alte Sprichwörter und Bauernweisheiten wie:
„Abendrot – Gutwetterbot", „Morgenrot mit Regen droht"
oder andere? Hast du dich mal gefragt, woher sie kommen?
Tatsächlich hat sie sich niemand zufällig ausgedacht – die
besten von ihnen entstammen der jahrhundertelangen
Erfahrung alter Abenteurer, Bauern und Entdecker.

Hier eine kleine Zusammenstellung der zuverlässigsten
von ihnen ...

Nebel, wenn er steigend sich verhält, bringt Regen, doch
klar Wetter, wenn er fällt.

Wenn die Schwalben niedrig fliegen, wird man Regenwetter
kriegen. Fliegen sie bis in die Höh'n, bleibt das Wetter
noch recht schön!

Auf die schönsten Sommertage folgen die größten Wetter.

Wenn der Ostwind lange weht, ein teures Jahr entsteht.

Der Nordwind ist ein rauer Vetter, doch er bringt
beständig's Wetter.

Weht der Wind dauernd aus Süden, ist uns bald Regen
beschieden.

Wind von Westen ist am besten.

83 Jahre später...

Weißt du noch, damals, als wir rausgegangen sind?

227

Register

Literaturtipps

Nachdem du in diesem Buch viel über die Wildnis und echte Abenteurer gelesen hast, möchtest du vielleicht noch mehr darüber erfahren? Dann kommen hier ein paar spannende Buchtipps für dich:

Robinson Crusoe von Daniel Defoe

Die wunderbaren Reisen von Marco Polo von Marco Polo

Die Schatzinsel von Robert Louis Stevenson

Kon-Tiki. Ein Floß treibt über den Pazifik von Thor Heyerdahl

Der letzte Mohikaner von James Fenimore Cooper

Im Canyon: Fünf Tage und Nächte bis zur schwierigsten Entscheidung meines Lebens von Aron Ralston

Survival-Handbuch für die ganze Familie von Rüdiger Nehberg

DAS ABENTEUER GEHT WEITER!

Aufwachen! Raus aus dem Bett und ab in die Nacht! Von der Dämmerung bis zum Morgengrauen gibt es so einiges draußen zu entdecken. Bau dir einen Beobachtungsposten und erforsche die Tiere, die nachts unterwegs sind! Übernachte unter freiem Himmel und zähle die Sternschnuppen! Zusätzlich lernst du, wie man ein Feuer macht, warum Fledermäuse nicht gegen Bäume fliegen und wie man sich so richtig schön gruselt ... Dieses Buch gehört zur Grundausrüstung eines jeden Abenteurers!

AUCH ZU BESTELLEN UNTER:

WWW.CHRISTOPHORUS-VERLAG.DE

ABENTEUER NATUR

Katharina Rotter

OUTDOOR-NÄCHTE

Von Fledermäusen, Grusel und Lagerfeuer

Velber
kinderbuch

ISBN: 978-3-8411-0175-4

Und noch mehr Lesespaß
für neugierige Abenteurer!

Schlau in 30 Sekunden
Alles über die fabelhafte Welt der Mythologie!!!

Weißt du, wie Theseus den schrecklichen Minotaurus besiegte? Warum Zeus den Menschen das Feuer stahl und Perseus mit geflügelten Schuhen gegen Medusa kämpfte?

In 30 Sekunden werden dir die wichtigsten Sagen aus der ganzen Welt blitzschnell und anschaulich erzählt.

Dazu gibt es spannende Zusatzinfos und lustige 3-Minuten-Mitmachaufgaben.

Viel Spaß mit Drachentötern, Dämonen und dem Rätsel der Unsterblichkeit!

Auch zu bestellen unter:
www.christophorus-verlag.de

Schlau in **30** Sekunden

Anita Ganeri

Götter, Monster, Abenteuer

Die **30** spannendsten Mythen aus aller Welt

velber
kinderbuch

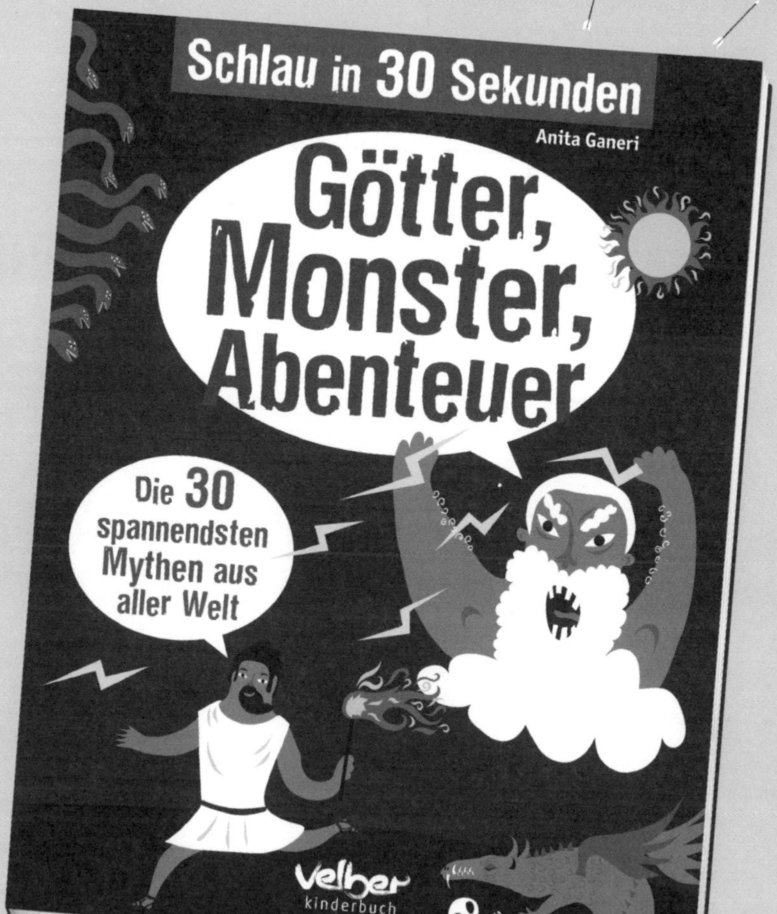

ISBN: 978-3-8411-0179-2

Schlau in 30 Sekunden
Tauche ein in die unendlichen Weiten des Weltraums!!!

Erfahre alles über unser Sonnensystem, Kometen, Meteorite und ferne Galaxien. Wer war der erste Mensch im All? Und wie funktioniert eine Raumstation?

Spannende Zusatzaufgaben und Illustrationen erleichtern das Verständnis. Deiner Astronauten-Karriere steht nichts mehr im Weg!

Auch zu bestellen unter:
www.christophorus–verlag.de

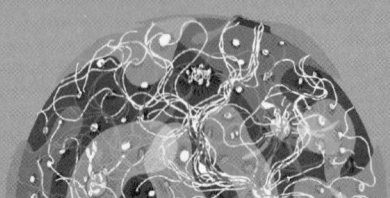

ISBN: 978-3-8411-0180-8

Impressum

Die englische Originalausgabe erschien 2012
unter dem Titel „How to go wild" bei
Scholastic Children's Books
Euston House
24 Eversholt Street
London NW1 1DB
United Kingdom
Copyright © Scholastic Children's Books, 2012.

Text: Dominic Utton

Rechte der deutschen Ausgabe:
© 2014 Christophorus Verlag GmbH & Co. KG, Freiburg i. Br.
www.christophorus-verlag.de

Illustrator: Alexander von Knorre
Übersetzung: Marianne Harms-Nicolai
Lektorat: Xenia Kuczera
Redaktion: Kristin Neugebauer
Satz und Covergestaltung: GrafikwerkFreiburg
Repro: RTK & SRS mediagroup GmbH

ISBN 978-3-8411-0184-6
Art.-Nr. VB110184

Druckerei: Ömür Printing, Istanbul